有钱了我也不乱花

投资专家

〔日〕森永康平-著

朱悦玮-译

印刷局

CSS
PUBLISHING & MEDIA
中南出版传媒集团

湖南少年儿童出版社
HUNAN JUVENILE & CHILDREN'S PUBLISHING HOUSE

小博集
BOOKY KIDS

·长沙·

沉默

没关系！现在开始让我们一起来思考吧！

闪亮

帅气老师好！

在当今时代，如果不懂金钱相关的知识可不行啊。

无现金社会

迷迷糊糊

信用卡

10000

支付 ¥1000

电子货币

可怕

哦

低利息

迷迷糊糊

就算认真工作，工资也不一定会增加；储蓄也很难获得利息；

开始 要开始了！

关于金钱的知识……

所以，学习金钱相关的知识就显得更加重要。

缺？只有这么少吗？

嘿嘿

目标

接下来，我将从使用方法、储蓄方法、增加方法和守护方法这4个方面对金钱的知识进行说明。

100

100

嘿嘿

\前言/

初次见面，我叫森永康平，是专门传授金钱相关知识的老师，同时也是 3 个孩子的父亲。

我每天都在给孩子们讲解与金钱相关的知识。我把平时课堂上讲授的内容，用通俗易懂的语言整理成了这本书。

如今的日本，正在加速进入无法只靠努力工作和认真存钱，就能积累财富的时代。

因此，学习金钱相关的知识，对今后将要生活在这样一个时代的大家来说非常重要。

但这些知识在学校里是学不到的。

从 2022 年 4 月开始，日本中学开设了"金融教育"课程，传授投资相关的金融知识，但小学开设类似的课程似乎还遥遥无期。

虽然也有一些家长反对让孩子太早接触与金钱相关的话题，但经常和孩子打交道的我却并不那么认为。

因为，从拿到零花钱的那一刻起，孩子们就已经和金钱建立起了联系。所以早点了解相关的知识并没有什么不好。

要想充分地利用金钱，使用方法、储蓄方法、增加方法和守护方法这4种方法缺一不可。本书将以这4点为基础，介绍与金钱相关的知识。

本书适合亲子阅读，因为其中有不少大人也不知道的知识。小朋友们也可以自己读完后，再教给爸爸妈妈。

衷心地希望大家读完这本书后，能在今后的生活中与金钱更好地相处。

目录

第 **2** 章　金钱去哪儿了？
购买看不见的商品

第 **3** 章　我想要更多！
让零花钱变多的方法

第**4**章 "一定要存钱"这句话对吗？
关于不断流动的钱

第 **5** 章

让钱为我们工作?!
利用投资使金钱增加的方法

第 **6** 章　如果不知道的话就很危险！
小心金钱的陷阱

第 **7** 章　今后会更加普及！
电子货币的知识

写给爸爸妈妈的话

自从 2018 年成立金融教育机构 MANENE 以来，我为很多家长做过与金融教育相关的讲座。在讲座结束之后的交流环节，我和家长们广泛地交流了意见，也得到了诸多建议，我的思维方式和价值观也因此产生了巨大的变化。

现在"金融教育"和"金融素养"已经得到了广泛的认可，但在我创业之初，人们普遍认为"不应该让孩子过早接触金钱的话题"，以及"投资就是赌博"。

但在没有钱就寸步难行的现代社会，不对孩子进行金钱教育就让其步入社会，可以说是一种不负责的行为。因此我将这项事业坚持了下来。

同时，也有很多家长对孩子的金融教育非常重视，他们向我提出最多的就是"想培养孩子的财商，应该买什么样的参考书呢？""去上哪个课外班好呢？"这样的问题。

对于第二个问题，我的回答是"不必去专门的补习班，只要在家里认真地对孩子进行金融教育就好"。而对于第一个问题，我之前并没有明确的答案。

不过，今后我就可以明确地回答这个问题了。因为这就是一本能够培养孩子金融素养的书。请大家从这本书开始与孩子进行金融对话吧。

第**1**章

赚了还是亏了？
金钱正确的使用方法

有钱了 我也不乱花

$\Rightarrow 350 + 150 + 300 + 300 = $ **1100**

所以必须要有取舍。

不能把想要的东西全买下来。

不行吗……

我一吃零食就停不下来，

但因为正在减肥，所以决定不买零食。

虽然我也爱看漫画，

但我买漫画单行本（已完结的），不买漫画杂志（连载的）。

薯片

巧克力

可乐

漫画杂志

我减肥4个月成功减掉17公斤，还练出了不少肌肉，嘿嘿！

是啊！

自卖自夸

自吹

哦

有钱了 我也不乱花

咳嗽

总之，

大家在花钱的时候要根据预算来选择自己想要的东西，一旦超出预算就必须放弃某些东西。

一本漫画单行本中的内容相当于漫画杂志上连载了9期的内容，所以买漫画单行本明显更加划算！

优惠！
赚了

漫画单行本

（相当于杂志上连载9期的内容）

￥506

漫画杂志

漫画

￥298×9

⬇

￥2682

而且要等好久才能看到接下来的故事……

你们再仔细地考虑一下这1000日元的预算应该怎么使用吧！

我自己的

选择……

本来想买的是独角仙，拿到家才发现是锹形虫。

被表哥骗，高高兴兴地拿 1 000 日元换了 500 日元。

什么是"乱花钱"？

当爸爸妈妈、爷爷奶奶给你零花钱或压岁钱的时候，他们一般都会说什么呢？大概说的最多的就是"不要乱花钱"或者"把钱存起来"之类的话吧。

家长们说的并没有错。但只从字面的意思来看，难免让人感觉把钱存起来是正确的做法，把钱花掉是错误的做法。

其实并不是这样。当拿到零花钱的时候，每个人都可以自行选择如何使用。可以花掉，可以存起来，还可以用来投资，甚至拿去捐款。不管是买自己想要的东西，还是把钱存起来，都没有错。只要经过认真思考，知道哪一个选择能够

有钱了 我也不乱花

买了看不懂的书。

在游戏厅里花了很多钱也没抓到想要的毛绒玩具。

让自己满意，哪一个选择不会让自己后悔，那么这个选择就是正确的。

但是，在游戏厅里花了很多钱却没能抓到想要的毛绒玩具，或者买了一本自己看不懂的书，也就是花了钱却没能使自己获得满足，那么这些或许就是"乱花钱"吧。

在本章中，我们一起来思考一下应该怎样使用金钱才能令自己感到满足吧。

付钱 = 传达感谢

在商店里买东西的时候，人们需要在收银台付款，换取购买的商品。你们知道为什么要付钱吗？

我认为，付钱就是在传达"感谢"这份心情。虽然我们将钱交给了店里的收银员，**但实际上这份"感谢"的心情会传递给与我们购买的商品相关的所有人。**

比如，我们买了一块巧克力，想一想为什么我们能够在商店里买到这块巧克力呢？

运输的人

店员

种植可可豆的人

工厂的人

有钱了 我也不乱花

巧克力的原料可可豆大多产于加纳和巴西，那里有专门种植可可的人。

可可豆收获之后，还需要有人将其运送到工厂，然后由工厂里的工人加工成巧克力。工厂生产的巧克力也需要有人运送到商店里，再由店员将其摆上货架。

仅仅一块巧克力就与这么多人存在着联系。而我们购买巧克力支付的钱，就相当于向这些人表示感谢。

谢谢

这100日元会分给这些人。

商品的价格是怎样决定的？（其一）

商品的价格是怎样决定的呢？如果一块巧克力只要 1 日元的话，人们就可以买很多了！但没有一家店铺卖得那么便宜，这是为什么呢？

商品的价格是由销售者与购买者达成一致时的数字决定的。

销售者肯定希望东西卖得越贵越好，但东西价格太高就没有人买。如果一块巧克力要 1 万日元的话，肯定谁都不会买吧。如果价格便宜的话肯定会有很多人买，但太便宜会使销售者蒙受损失。那么，怎样才能让购买者感到满意，同时也不会让销售者的利益受损呢？价格就是由这个平衡点决定的。

另一方面，购买者希望以尽可能低的价格买到商品，所以与价格较高的店铺相比，价格较低的店铺会有更多的顾客。但如果价格较低的商品卖光了，那么顾客或许也会购买价格较高的同种商品。

综上所述，当购买者与销售者能够达成一致时（处于平衡状态），商品的价格就决定了。

假设有 10 名销售者，但只有 1 名购买者。这 10 名销售者都希望这名购买者购买自己的商品。如果你是其中一名销售者，会怎么做呢？

如果是我的话，或许会说："我们家的东西比其他店铺都便宜。"但其他店铺的销售者肯定也会说："我们家的更便

宜。"这样一来就变成了比谁家商品最便宜的竞争，商品的价格会不断下降。

反之，如果有 10 名购买者，但只有 1 名销售者，商品的价格就会不断上涨。

对店铺来说，如果购买者都想购买商品，而且自己没有竞争对手，那么店铺肯定会上调价格。如果这样仍然有顾客购买，那就说明商品的价格仍然处于平衡状态。

当两边处于平衡状态时，价格就决定了！

商品的价格是怎样决定的？（其二）

现在我们知道商品的价格是由销售者和购买者达成一致的数字决定的。那么，要是出现下面这样的情况呢？

假设有一款大家都很想要的游戏机，好多人都去买，店铺里的游戏机很快就卖光了。这时，网上出现了以比官方定价更高的价格出售这台游戏机的人，**这样转卖商品的人被称为"黄牛"**。他们并不是游戏机公司的人，只是抢先购买了大

好耶！

游戏机公司

转卖价格 59 000 日元
官方价格 40 000 日元

哇！ 19 000 日元

不行！绝对不行！！

四万日元买到了！

嘻嘻嘻

大家都很想要呢，那就以59 000日元的价格出售吧！

这样会让黄牛占到便宜！请大家一定要从官方渠道购买商品！只要耐心等待就一定能买到！

有钱了 我也不乱花

家都想要的东西，然后等店铺里的游戏机卖光之后再以更高的价格出售。

如果有人愿意加价购买，那么黄牛就会不断地提高价格。如果有人能够接受上涨后的价格，那么这个价格也是处于平衡状态的价格。

当然，如果价格上涨太高导致没有人买，黄牛就会降低价格。如果你关注网上的行情，就会感慨："哎呀，那个价格没有人买，开始降价了！"也挺有意思的吧？

但是需要注意！黄牛并不是游戏机公司的人。只是看到商品供不应求的局面而抢先一步购买，然后再高价卖出的人。

因为付钱就相当于传达感谢，那么我们超出定价部分支付的钱，就相当于对黄牛说谢谢。这样做真的好吗？希望大家仔细地思考一下。

游戏机公司一定会继续生产游戏机并进行销售，大家只要耐心等待就好。只要等待一段时间，就可以用原价买到想要的东西。

价格越便宜越好吗？

可能有些人会觉得东西越便宜越好。如果是完全相同的东西，那肯定是价格便宜更好。

但如果完全相同的巧克力，在步行 1 分钟就能到的便利店里卖 100 日元，而在需要坐车 2 小时才能到的超市里卖 80 日元，这种情况下还是价格越便宜的越好吗？

我宁愿多花 20 日元，也会在附近的便利店里购买。因为我认为坐 2 个小时的车就为了便宜 20 日元，完全

如果是你的话，你会选哪一个？

牛奶巧克力

¥80-

距离店铺 2 小时的路程

牛奶巧克力

¥100-

马上就能买到

有钱了 我也不乱花

是在浪费时间。对我来说，2小时要比20日元宝贵得多。但如果将巧克力换成汽车，价格变成100万日元和80万日元，那我认为多花2个小时，便宜20万日元是很划算的。

那么，如果是同一家店铺出售的2种不同的巧克力呢？一个100日元，另一个150日元。100日元的巧克力是普通的巧克力，150日元的巧克力是用高级可可豆制作的。这样的话，可能不同的人会有不同的选择吧。喜欢价格便宜的人就

会认为买100日元的巧克力更好，对口味比较挑剔的人则会认为买150日元的巧克力更好。

如果是完全相同的巧克力，不带玩具的巧克力卖100日元，带玩具的巧克力卖150日元。不同的人也会有不同的选择。

也就是说，**商品的价值不能单纯地用价格来衡量。**你认为哪一种选择对自己来说更好呢？希望你在读完本书之后能够找到答案。

正确使用金钱的方法

通过付钱向许多人传达"感谢"的心情，是一件好事。但钱是有限的，如果不合理使用，很快就会花光。

即便是大人，也会因为钱的使用而烦恼。虽然谁都不愿意吃亏，但如果一个劲地想着占便宜而变得很吝啬和小气的话，也不会变得幸福。童话里不是有很多只考虑自己的小气鬼，最终都吃了大亏吗？

我第一次拿到薪水的时候，请妈妈和奶奶一起吃了中餐，因为爸爸总是不在家，所以请不到他（笑）。

其实我当时也有许多东西要买。比如一身体面的西装，用来撑门面的手提包和鞋子，当时租住的房间里还需要一个大书架。

但是，请一直以来养育我、照顾我的妈妈和奶奶吃饭，是为了向她们传达"我已经长大了，能自己赚钱，谢谢你们"的感激之情，这样不但能够让她们感到高兴，我自己也感到非常自豪。

我认为与给自己买一身高级西装相比，还是请妈妈和奶奶吃饭更能让我感到高兴。

这就是满足感。如果花了钱能够使自己产生这样的感觉，应该就算是"正确的使用方法"吧。

有钱了 我也不乱花

与买到便宜的商品相比，花了钱之后能由衷地感到满足，就是正确的使用方法。

希望大家也能找到像这样的正确的使用方法。

看到她们高兴的表情，真是太好了！

关 于 金 钱 的 小 知 识

　　钱也分许多种。日本用的钱叫作"日元",有 10 日元和 100 日元的金属硬币,还有 1 000 日元和 5 000 日元的纸币。每个国家都有各种各样的钱,全世界的钱种类更是数不胜数。中国用的钱叫作"人民币",单位是元(圆)、角、分。美国用的钱叫作"美元",有 1 美元和 5 美元的纸币,还有 10 美分和 25 美分的硬币。除了日元、人民币和美元之外,世界上还有大约 180 种钱。有些国家的钱是五颜六色的,有粉色和黄色的纸币,还有不怕沾水的塑料钞票!先了解一下各种各样的钱,在去海外旅行的时候也会增加一些乐趣!

某月某日汇率
1 美元 =100 日元

第 **2** 章

金钱去哪儿了？

购买看不见的商品

你在游戏里充值，不会被爸妈说吗？

不会啊！因为我爸爸也会在游戏里充值。

你爸爸也会充值?!

是啊！

……

有钱了 我也不乱花

一起玩游戏吧！

刚洗完澡

是啊，我们每天晚上都会一起玩一个小时。

柳的父亲非常喜欢玩这款游戏 FORCE NIGHT。

FORCE NIGHT

好棒啊！

你们的关系真好啊！所以你们也一起给游戏充值是吗？

昨天刚买了新出的皮肤！

嗯！

500

Ⓕ ¥500
购买

大吃一惊

真的吗？！

嘿嘿嘿

好羡慕啊！

嗯，我爸也是游戏迷（笑）。

有钱了 我也不乱花

关于金钱的使用方法，果然每个家庭都不一样啊……

我家的话，不管是给游戏充值还是打赏主播，肯定都是不行的。

……

老师……

除了买零食，你好像对金钱的其他使用方法产生了兴趣呢！

是的。

为了购买看不见的商品而支付的金钱

　　在第 1 章中，我们了解了关于商品价格的内容。不过，在这个世界上除了购买商品之外，还有其他使用金钱的方法。那就是"享受服务"。

　　比如在理发店理发。理完发后，虽然我们在收银台付了钱，但并没有得到任何商品。也就是说，**我们在理发店支付的金钱并不是为了购买商品，而是购买"理发"这项服务。**

　　在购买"服务"这种无形商品的时候，也需要支付金钱。

　　虽然是无形的商品，但在理发的过程中，看着理发师手上的动作以及自己逐渐改变的发型，自然而然地就会产生享受了服务的感觉。

　　那么，看电影和听音乐会呢？付钱购买门票，入场后看了电影或欣赏了音乐，是一种被称为"娱乐"的服务。在这种情况下，为我们提供服务的人在大荧幕上或者在舞台上，而我们的金钱却支付给了其他人。

　　在当今的互联网时代，还有更加不可思议的事情发生。我们可以直接使用电子支付的方式，在互联网上购买演唱会

的"门票"，在互联网上支付金钱，然后通过电脑或手机的屏幕来欣赏演唱会。

虽然没有直接到现场观看，但我们为了购票而支付的金钱仍然会转交到举办演唱会的人手中。

为了购买服务而支付金钱　　为了享受娱乐而支付金钱

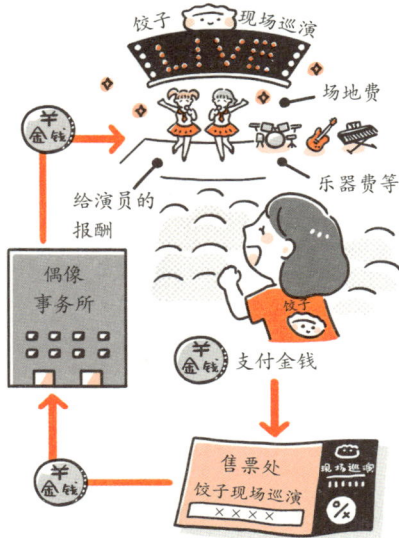

服务的价格是怎样决定的？

那么，像服务这种无形商品的价格是怎样决定的呢？其实和巧克力的价格一样，**它是由提供服务的人（供给）与接受服务的人（需求）之间达成一致（取得平衡）时的数字决定的。**

让我们来更加具体地思考一下。

比如，在理发店理发的平均价格是 4 000 日元。但如果理发师是新人，缺乏经验，顾客可能会去别的理发店。在这

价格是由供给与需求的
平衡决定的

提供服务的人
＝
供给

接受服务的人
（顾客）
＝
需求

新人理发师

¥3500-

500
赚到了

有钱了 我也不乱花

种情况下，这家理发店就会将价格下降到 3 500 日元。这样一来，就会有顾客认为它比其他理发店便宜 500 日元，就算是新人理发师也没关系。这就是取得平衡的状态。

反之，如果是经验非常丰富的理发师，就算将价格提高到 6 000 日元，也仍然有很多顾客。这样的话，他就不可能降低价格。因为顾客愿意为他提供的服务支付 6 000 日元。这也是一种平衡。

演唱会和音乐会也一样，如果是受欢迎的偶像和乐队，即便门票的价格很高也仍然有人会买，所以价格就会越来越高。

① 日本著名经纪公司，以推广男艺人及男性偶像团体为主要业务。——编者注（除特别说明外，本书注释均为编者注。）

应援的钱能全部给到应援对象的手上吗？

如果问"要是有很多钱的话会做什么"，有些人会回答"拿钱去应援"。"应援"指的是支持自己喜欢的偶像、演员、动漫角色等，具体方法是购买相关的周边商品、去现场参加演唱会和活动等。

也有一些人会采用"打赏"的方法进行应援。"打赏"指的是通过直播软件给进行直播的主播充值金钱。

人们可能认为自己购买周边商品或者打赏的钱，全都能给到自己应援的对象，但实际上他们的应援对象只能拿到一部分。

以直播打赏为例，在某些平台中，我们打赏金额的30%会被直播平台拿走，主播只能拿到剩下的70%。如果你是用苹果手机观看直播，苹果公司还会收取一部分的手续费，所以需要支付的金额比用非苹果系统的电脑或手机观看更多。

此外，如果主播加入了经纪公司，经纪公司还会从中抽取一部分利润。也就是说，我们并不知道自己打赏的钱有多少能到主播手中。唯一能确定的就是并不是所有的钱都给到

有钱了 我也不乱花

了主播。

金钱很宝贵，所以在支付之前一定要搞清楚里面的机制。

直播打赏的钱并非全都给了主播，有一部分会成为直播平台
员工的薪水。

所有的打赏都是这样的机制，所以打赏最大的获利方是直播平台。

如此 原来

感谢您的观看

支付给直播平台的金额 ￥30-

赏 支付给主播的金额 ￥70-

大家好

￥100

给主播打赏！

给游戏充值一定要征求家长的同意!

我和家长们交流"对孩子的金钱教育"时,总是能收到许多提问和咨询。尤其是最近几年,很多孩子都希望家长能帮助他们用零花钱在游戏里充值,或者在直播平台上给主播打赏。很多家长都对此感到非常不安。

正如第 1 章中说过的那样,零花钱和压岁钱给出去之后就已经是孩子们的资产。存起来也未必就是最正确的使用方法。如果孩子能够通过使用金钱获得满足,那就是一种好的选择。既然如此,为什么家长们对于孩子们想给游戏充值或

只要充值 100 日元就可以获得这个盔甲。

妈妈出现了!
▶ 说服
逃跑

给游戏充值完全是浪费,不要再充钱了!

生气

根本就不是你的。

那只是游戏里的虚拟物品罢了,

原……原来如此……

……

但只要一次付费就可以永久使用。100 日元买巧克力的话,一天就吃完了。我觉得还是充值划算。

有钱了 我也不乱花

给主播打赏感到不安呢？

原因之一就是父母对这些新生事物缺乏了解。人类对于自己不了解的东西，总是会产生过度的恐惧。人害怕幽灵和妖怪就是这个原因。

如果我们购买的是实际存在的商品，在支付金钱之后，这件商品会留在我们的身边，所以会有切实的购物感。但在手机游戏里充值，购买的是虚拟物品，无法将其带到现实世界之中，所以在父母看来就像是乱花钱一样。

很多父母，包括我，在小时候都没接触过智能手机，所以难免对花钱购买虚拟物品感到不理解。

正如前面介绍过的那样，在直播平台打赏的钱并不会全都给到主播。**大家需要准确地理解其中的机制和规则**，然后将这些内容解释给家长听，应该就会得到他们的理解吧。但是要记住，金钱很宝贵，给游戏充值一定要征求家长的同意！

试着像这样对家长说明一下吧。

众筹的形式

最近出现了一种叫作众筹的形式。

一般来说，筹集资金和捐款都是为了帮助被疾病折磨的人或者受灾地区的人，**而众筹除了这些还包括"帮助有梦想的人"。**

比如"想开一家咖啡店"或者"想将自己创作的音乐制作成 CD 专辑"，自己的资金不够，就需要其他人提供一些资金来帮助自己实现梦想。这种时候，只要在网络上将自己的愿望说清楚，就能通过众筹来筹集资金。

众筹的方法

调查实现梦想需要多少资金

我要自己设计一副纸牌。

众筹和捐款不同，出钱的人能够获得回报，而且回报的内容会根据金额的多少分为几个等级。

比如，想众筹 100 万日元开咖啡店的人，在咖啡店成功开起来后，会给那些给他 1 000 日元的人赠送一张免费的咖啡券，而那些给他 5 000 日元的人会再额外获得一张免费的蛋糕券。

据说有小学生成功众筹到了 80 万日元，制作自己的手工商品并在网络上进行销售。你要不要也来尝试一下呢？

2 设定目标金额并思考众筹的回报

回报
原创纸牌与感谢信

目标全额
80 万日元

3 调查众筹网站

众筹网站有很多！仔细对比之后再做决定吧！

你擅长什么？
· 手工制作
· 商业活动
· 捐款
……

要不要手续费？

成功率有多高？

4 将自己的众筹信息发送到网站上，然后等待结果吧

为有困难的人捐款

　　我曾在美国看到一款专为儿童设计的存钱罐，上面有 4 个存钱口。常见的存钱罐通常只有 1 个存钱口。为什么这种存钱罐会有 4 个存钱口呢？

　　这种设计是为了区分"储蓄""使用""捐款""投资"这 4 种不同的用处，体现了对儿童金钱教育方面的培养。其中"捐款"的用处很耐人寻味。

　　说起捐款，你会不会认为捐款只是把钱给了别人，自己

有钱了 我也不乱花

什么也没得到？是不是感觉有些浪费？确实，如果参与众筹，把钱给出去之后会获得相应的回报，而捐款只是把钱给出去而已。

但我们捐出去的钱，可以使生活困难的人得到帮助，让更多的人能够去学校学习，这也是值得高兴的事情。

用金钱购买商品和换取服务并从中获取满足固然是好事，但用金钱去帮助别人，也能使我们的心灵得到满足。

大家在便利店或超市买东西的时候，有时也会在收银台旁边看到捐款箱吧？如果有零钱的话，可以把零钱放进去。此外还可以通过许多公益组织为贫困地区的人以及遭受自然灾害的人捐款。请大家和父母一起找一找相关的机构吧。大家的零花钱可以帮助很多的人呢。

你知道哪些捐款机构或渠道呢？

关于金钱的小知识

　　花钱并不是坏事，但零花钱是有限的，所以在买东西之前要确认价格，慎重考虑之后再做出决定。我上小学的时候有一次去郊游，因为老师要求"零食不要超过 300 日元"，所以我和小伙伴在小卖部里非常认真地思考如何用 300 日元买到尽可能多的零食。

　　当时最受欢迎的是 1 块 5 日元的巧克力和 1 根 10 日元的"能量棒"。但能量棒从 2022 年 4 月开始变成 1 根 12 日元。自从 1979 年发售以来，一直都是 10 日元的能量棒竟然涨价了，这让我切实地感受到了商品价格的变化。

第3章

我想要更多!
让零花钱变多的方法

朝日，你爸妈是要求你把钱存起来吧？

是的，如果有1000日元零花钱的话，必须将300日元存起来。

但还是有700日元可以花啊，也不错啦。

我家只给我500日元零花钱。

啊？500日元的话一下子就花没了呢！

够用吗？

有钱了 我也不乱花

完全不够用啊！

所以我最近开始赚钱了！

啊 啊 啊 啊 啊 啊 啊 啊

赚钱？

就是以『帮忙』的名义去——

劳动！

劳动

气愤 气愤

帮忙做家务赚零花钱吗？

你还挺能干的！

因为我打完棒球之后一定要喝一瓶宝矿力①才行！！

这一点绝对不能让步

我懂你……

努力练习之后非常口渴……喝饮料最棒了……

老师也非常喜欢打棒球。

原来如此

对吧！

① 一种电解质饮料。

洗一次碗50日元！

优斗，你平时都做些什么呢？

我也帮忙做家务来赚零花钱。

$$50 + 50 = 100$$

一	二	三	四	五

两次

周一到周五的晚饭之后，任意两天洗一次碗，每周就能赚100日元。

可是，我家就算帮忙做家务，也不给零花钱啊！

不过，优斗你竟然会洗碗，好厉害！我只会扫地。

要想靠做家务赚零花钱，就必须在本职工作之外做一些额外的工作。

咦？？

有钱了 我也不乱花

通过帮忙做家务来赚零花钱吧！

在我小的时候，每个月的零花钱是固定的，新年的时候拿到的压岁钱就像是年终奖。

现在，我也成了家长，除了每个月给孩子们零花钱和每年的压岁钱之外，我还会额外给孩子们一些零花钱。那就是孩子们帮忙做家务赚到的零花钱。

工作之后，如果能够在工作上取得优异的成绩，也能得到奖金作为额外收入，帮忙做家务赚零花钱也是同样的道理。

大家的零花钱都有多少呢？根据某项调查（※日本金融广报中央委员会发布的2015年度"儿童生活与金钱相关调

清洗浴缸一次100日元，谢谢你！

哇！

我看地板也脏了，所以顺便一起打扫干净了。

干干净净

啊，谢谢，帮大忙啦！

救

呀

以后我会连浴室的地板也打扫干净，每次200日元怎么样？

嗯，好的……

这就是讨价还价。

有钱了 我也不乱花

查"），绝大多数的日本小学生每个月的零花钱是 500 日元，中学生每个月的零花钱是 1 000 日元。

根据这个标准，小学生每次帮忙做家务，一般能够获得 50—100 日元的奖励。每周只要帮忙 1—2 次，一个月就能赚差不多 500 日元。那么他们每个月固定收到的零花钱和通过帮忙做家务挣到的钱加起来就有 1 000 日元了。

如果还想要赚到更多的钱，可以自己提出建议和家长商量哟！

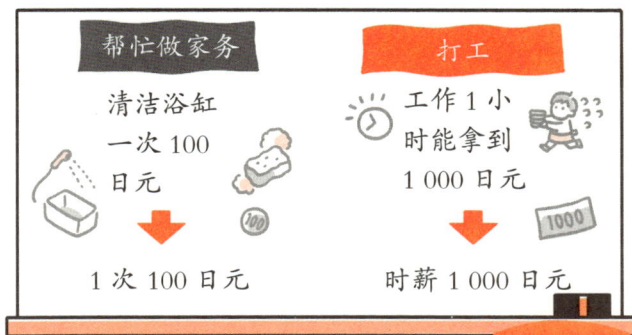

帮忙做家务	打工
清洁浴缸 一次 100 日元	工作 1 小时能拿到 1 000 日元
↓	↓
1 次 100 日元	时薪 1 000 日元

但是如果只需要 5 分钟就能帮忙做完家务，那么 1 小时就能拿到 1 200 日元。

时薪 1 000 日元更划算！

工资、零花钱与奖励

父母从公司和顾客那里获得金钱，孩子从父母那里获得金钱。这种从外界获得的金钱被称为"收入"。

那么，父母赚取的工资等收入，与孩子每个月不用劳动就可以获得的零花钱，以及通过帮忙做家务获得的零花钱（奖励），这三者之间有什么区别呢？

工资，是通过工作获得的金钱回报。在公司里工作的人，公司会支付金钱作为报酬。但也有不在公司里工作的大人，这些人会通过劳动来获得金钱。绝大多数情况下，是通过销售商品或提供服务而从顾客那里获得金钱。这些都被称为"收入"。

大人的收入与孩子们获得的零花钱不同，金额往往更大。因为大人要用这些钱来支付房租和购买生活所需的用品。可能你羡慕大人们能赚很多的钱，但相对的，大人们的工作也非常辛苦。而且还不能因为困了、累了、不想干了等理由就不去工作。

另一方面，孩子们什么也不用做就可以每个月从家长那里拿到零花钱。这些钱都是家长们辛辛苦苦劳动赚来的，要感谢父母哟（笑）。

而通过帮忙做家务获得的奖励，就和工资有点类似了。

有钱了 我也不乱花

因为这也是通过劳动换来的金钱。所以，要想获得更多的金钱，对任何人来说"工作"都是最简单的方法。

大人的工资里也有类似的机制，这一般被称为"奖金"。除了每个月都会得到的薪水之外，努力工作取得的成果使公司赚取更多利润的话，公司也会给员工发放奖金。

工资	零花钱	奖励
通过工作换取的金钱。用于支付房租和购买生活必需品。因为不同的公司给的工资不一样，所以大人们在找工作的时候一定会先确认工资是多少。	每个月都能获得的固定的金额。日本中小学生每月的平均零花钱为500—1 000日元。	帮忙做家务就能拿到。很多家庭会让孩子们帮忙做浴缸清洁、洗碗等家务，一次奖励50—100日元。

想要的东西和必要的东西

如果拥有这些东西会很开心

- 零食
- 旅行
- 游戏
- 应援活动
- 礼物
......

孩子和大人都喜欢

必要的东西

- 水费、电费、煤气费
- 房租、房贷
- 餐饮费
- 服装费
- 交通费
- 税金

大人负责

　　金钱的使用方法大致可以分为两类：购买"想要的东西"和购买"必要的东西"。

　　大人在购买想要的东西之前，必须将钱用在那些必须买和必须支付的东西上。比如水费、电费、煤气费就是必须支付的费用，房租、餐饮费、服装费等也是必要的费用。出门坐车需要买票，开车需要加油，这些钱都是必须支付的。

　　除此之外，还有一种必须支付的金额，那就是"税金"。买东西的时候要支付消费税，领取工资要缴纳所得税，等等。大人的生活真是非常不容易啊。

　　另一方面，也有一些没有也不会影响生活，但拥有会让人感到很开心或很便利的东西。对于这样的东西，大人会谨

有钱了 我也不乱花

慎思考后再决定是否购买。比如每个月 30 万日元工资，其中多少用于房租、多少用于吃饭、多少用于储蓄、多少用于购买想要的东西，如果不仔细地规划好，就会出现资金不够用的情况。

为了便于对金钱进行管理，可以学会记账。以前人们使用笔记本，现在有更加方便的手机应用程序，小朋友们也可以试着在拿到每月固定的零花钱和奖励后将使用方法记录下来，这样长大以后就不会在金钱的问题上遇到困扰了。

你知道哪些
记账的方式
或手机应用
程序呢？

税金是用来做什么的?

前面提到大人们要缴纳税金,那么这些税金都可以用来做什么呢?可能有人在学校里也学过,税金主要用于社会保障和公共服务。简单来说,税金就是用来给政府职员和学校里的老师发的工资,以及运营警察局、消防局、学校、医院等公共机构的费用。

如果没有警察,街上或许就会出现许多小偷。如果没有消防局,一旦发生了火灾就没人去灭火。医院也很重要。如果没有医生和先进的医疗设备,生病了也只能在家里躺着,无法得到救治。

这么看的话,税金确实非常重要,但可能也有人会说,这些事情我全都自己做,是不是就不用交税金了呢?

学校、医院、警察局、消防局

修建公路

税

有钱了 我也不乱花

假设 50 个人共同购买了一片土地，一起生活。在这片土地上自己种菜、打猎和钓鱼；自己处理生活垃圾，自己烧火做饭；相互之间都认识，也不会有小偷。这样的话，不交税金也没事吧。

其实税金除了上面提到的用处之外，还会用来修建公路、下水管道、传输电力等等。

那如果我不出门，喝山泉水，也不用电，是不是就不用交税金了呢？不过现实生活中，生病了也不去医院，既不用电也不出门的人一定非常少吧。

也就是说，只要是正常生活的人，就一定会用到政府给我们准备的这些基础设施，所以也就必须缴纳税金。

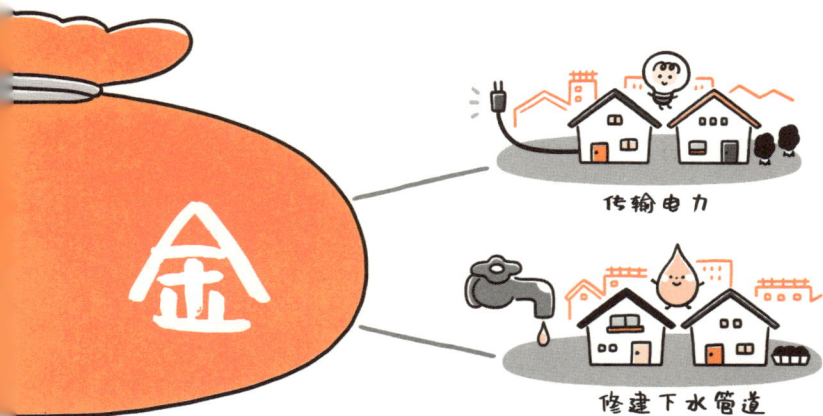

传输电力

修建下水管道

做什么工作比较好？

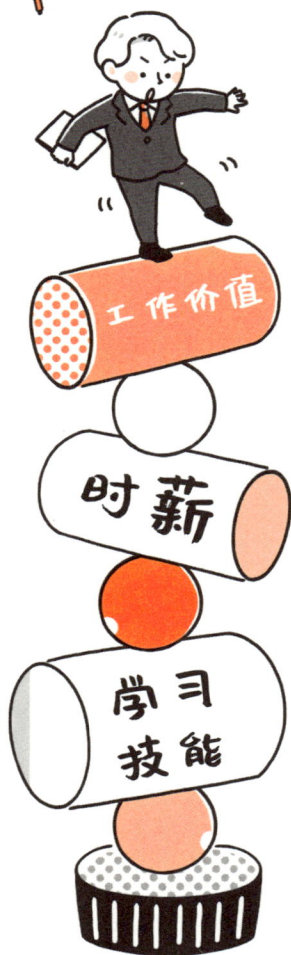

长大成人之后，为了生活就必须自己赚钱。假设你为了提前做好准备，计划在大学的时候去做兼职。那么应该选择什么样的工作比较好呢？

选择工作的方法有很多。我上大学的时候也做过兼职，那时我的选择标准是"自己想做的事情""时薪比较高""离家近"。

工作价值

时薪

学习技能

工作也要保持平衡！

有钱了 我也不乱花

最后我选择在补习班里当老师。虽然实际上这份工作的时薪没有我当初预想的那么多，但我也并没有后悔。因为我从这份工作之中感受到了"工作的意义"。

在选择工作的时候，必须注意不能只考虑"时薪"。**时薪高的工作，肯定也有其高的理由**。可能是很辛苦的工作，或者是有危险的工作。因为如果是很多人都愿意做的工作，就算不给那么高的薪水也一样有人来做。

所以，**赚钱固然重要，但除了时薪之外也要考虑其他的因素**。

如果你将来有想要做的工作，可以选择一些能积累相应经验的工作。比如将来想去海外工作的话，需要掌握一定的英语能力。如果不想花钱去英语学校学习，可以选择能够提高英语水平的工作，或者在能够用英语交流的环境中工作，这样就可以一边打工赚钱，一边提高自己的英语水平。

通过工作感受自己的人生价值，通过工作掌握必备的技能，通过工作让人生更加丰富多彩，这些都是无法用金钱来衡量的。所以在选择工作时一定不能只看时薪，而是要从更多的角度来综合地进行思考。

关 于 金 钱 的 小 知 识

　　我在小的时候，因为觉得"要是有很多的钱就好了"，于是想要自己来制作钱币。但实际上，私自制作钱币是违法行为，绝对不能这样做。我当时查了一下制作钱币需要多少成本，也算是涨了点知识。大家知道制作钱币的成本是多少吗？

　　1日元硬币的主要成分是铝，制作一枚1日元的硬币，成本大约是3日元。而1万日元纸币的生产成本大约在22—24日元。那么1张人民币的制造成本是多少呢？人民币的制造成本官方并没有公开过相关数据。但是从整个制造流程上来看，人民币的制造成本无外乎就是原材料、设备和人工成本这3个重要的方面。

交给我吧！

印刷局

卡嚓卡嚓

第4章

"一定要存钱"这句话对吗？

关于不断流动的钱

柳，你家里竟然允许你给游戏充值，好羡慕啊！

嘿

我家里只会让我把钱存起来。

存起来！存起来！！存起来！！！

你不是说每个月都要存钱吗？

买零食都已经很不容易了，给游戏充值根本就不能想……

转来转去

……

我从来没有想过——

存钱呢……

有钱了 我也不乱花

言归正传，

你是从什么时候开始存钱的呢？

这个嘛……

我从4年级才开始有零花钱，所以到现在存了有一年吧。

丢掉

$$300 \text{ 日元} \times 12 \text{ 个月} = 3600 \text{ 日元}$$

你每个月存300日元，存了大约一年，那就是300日元×12个月，等于3600日元。

诶?!有那么多!!

非常激动

快要赶上压岁钱了！

真好啊！

兴奋

哇

有钱了 我也不乱花

银行是干什么的地方？

银行就像是一个不管发生火灾还是进了小偷都不用害怕，存进去的钱能够连本带利拿回来的储蓄罐！

一点点

有钱了 我也不乱花

我有 3 个孩子。在他们还小的时候，我带他们一起散步，旁边刚好有一家银行，孩子们问："这个商店是干什么的？"我回答说："是存钱的地方。"他们说："好奇怪啊！"我问："为什么呢？"他们回答说："我们的零花钱都存在存钱罐里，大人也把钱放在存钱罐里不就好了。"于是我给他们解释说："如果把钱放在银行里，那么钱会稍微增加一些。"结果孩子们都很惊讶地问："为什么？"

对孩子而言，把钱放在存钱罐里，需要的时候随时都可以拿出来，确实很方便。如果把钱存进银行的话，要想取出来就必须去银行或者提款机才行，所以他们无法理解为什么要将钱存进银行。

但是，如果家里发生火灾或者进了小偷，存钱罐里的钱就危险了。而将钱存进银行的话就不必担心了。就算银行发生火灾或者进了小偷，存进银行里的钱也会照常赔偿给你（最高不超过 1 000 万日元，这是日本法律规定）。

此外，存进银行里的钱还会稍微增加一些，这被称为"利息"。在下一章中我将为大家详细地进行说明。但现在日本银行的利息非常低。100 万日元存进银行，1 年大约只有 10 日元的利息。

什么是利息？

利息究竟是什么呢？人们免费将钱存入银行，归还的时候还要多给人们一些"利息"，那银行岂不是要亏本了吗？

实际上，银行不仅有存钱的功能，还有其他许多功能。**其中之一就是"融资"，简单来说就是"借钱给别人"。**

比如，有一家企业需要资金建设新的工厂或者购买新的设备。这个时候，企业就可以向银行借钱。如果银行认为把钱借给这家企业，对方应该能够还钱，就会把钱借给企业。而银行之所以认为"对方能够还钱"，并不是因为"对方人品好"，而是因为考虑到企业修建了新的工厂或者购买新的设备之后能够赚取更多的利润，有能力还钱。

但银行并不是白白把钱借给企业，而是会和企业约定还钱的时间，并且在企业还钱的时候收取一定的利息，这样银行就能获得比借出去的钱更多的钱。

举例来说，假设银行借给企业100万日元，1年之后企业要还给银行110万日元。

这样一来，银行通过借钱给别人，1年后就能获得10万日元的利润，这10万日元用来给银行的职员发工资，购买银行所需的设备，还要用来给在银行存钱的人们发利息。也就是说，银行既赚取利息，也要发放利息。

有钱了 我也不乱花

把钱存进银行，取钱的时候会稍微变多一些

存钱啦！

利息10日元，总共取回1010日元

¥1000
+
⑩

1000日元存款
¥1000

利息=附送的金额

银行

1000000
+
¥10000 ×10

100万日元借贷

利息10万日元，总共偿还110万日元

企业

借钱啦！

借钱出去，还钱的时候会稍微变多一些

大家都存钱的话，经济就会停滞！

普通的过家家游戏

哎呀！好可爱，我要买这个！

好的，100日元。

普通的过家家游戏

我要存点钱。

哎呀，你也是吗？我家也是，要为了这个孩子存点钱。

金钱不流动 = 经济停滞

如果大家都只存钱不花钱，也会有麻烦！

有点复杂呢……

100 有钱了 我也不乱花

我家的大女儿和二女儿经常玩过家家的游戏。她们扮演店员和顾客，用玩具钞票买卖东西。当顾客的钱花光之后，两个人就交换角色继续玩。

　　但有一天，扮演顾客的大女儿没有把所有的钱都花光，而是留了一部分就交换角色了。我问她为什么，她说想赚点利息，所以把钱存银行了。因为大女儿这样做，二女儿也跟她学。结果每次扮演顾客时她们都会留下一部分钱存进银行，能用来买东西的钱越来越少，最后就玩不下去了。

　　把钱存起来不乱花，并不是件坏事，甚至可以说是正确的做法。也就是说，大女儿和二女儿做得没错。

　　但是**如果大家都把钱存起来，那么用来流通的金钱就会越来越少，经济也会因此而陷入停滞。**

　　把钱全都存起来，虽然没有人因此受损，但也没有人因此获利。因为没有赚到钱，没有钱去买东西，经济就会停滞。如果父母拿不到工资，家里连食物也买不到。

金钱流通得越快，经济发展得越快！

购买巧克力之后，金钱会从商店流向各处……

100

给国家交税金

给带动的人发工资

购买新的材料

- 道路
- 水电煤气管道

- 房租
- 餐饮费
- 零花钱

- 新商品

金钱越流通，经济越好！

你花出去的钱也支撑着大家的生活！

有钱了 我也不乱花

比如我们在商店里花 100 日元买了一块巧克力。这些钱就是店铺的收益。其中一部分要用来给店里的员工发工资，剩下的要支付给巧克力的生产者。

生产者拿到这些钱后也要给员工们发工资，还要支付税金。**金钱就是这样在我们生活的社会之中循环流动。**

在社会生活中流通的金钱数量增加，经济就会增长，也就是常说的"经济景气"。

国家用收到的税金修建公路和桥梁的时候，会产生新的工作岗位，参与工作的人就能获得薪水，然后用这些薪水去购买商品，使经济进一步增长。

此外，如果有企业开发出新商品并大受欢迎，那么与之相关的运输、销售等岗位的工作也会增加，使经济取得更大的增长。

反之，如果金钱不流通的话，经济就不会增长。

比如，工资一直也不增加，大家就都节衣缩食不买东西，商店的销售额也就无法提高。与商品运输和销售相关的岗位也会减少，导致商店和运输公司的工资进一步降低。这样一来，就会陷入工作的人赚不到钱，进而更加节衣缩食的恶性循环。

以前的价格和现在的价格

2000 年
¥100
¥65

2010 年
¥110
¥100

2020 年
¥120
¥130

经济增长和税金的变化使商品的价格也发生了变化！

现在一个汉堡卖 130 日元。但以前的价格可比现在便宜得多。以前自动贩卖机销售的果汁一瓶只要 100 日元，后来价格逐渐上涨到 110 日元、120 日元。为什么以前的价格和现在的价格不一样了呢？

原因之一：税金的影响。

现在买东西需要缴纳消费税[1]，购买 100 日元的商品需要缴纳 10 日元的税金，加起来就是 110 日元了。但以前没有消费税，所以价格比较便宜。

原因之二：经济增长。

经济原因涉及大家在工作中所创造的金钱在社会上的流通数量。虽然过去 20 年日本的经济几乎没有什么增

---

[1] 中国也有消费税，是在 1994 年税制改革中增设的。

有钱了 我也不乱花

长，但在大家的爷爷奶奶工作的时代，日本修建了许多高楼大厦和高速公路，经济取得了飞跃性的增长。

因为每年都会涨工资，所以大家都会购买汽车和空调等高价商品。这样一来，企业的销售额也会随之增加，又会继续给员工们涨工资。

国家也在同时使用金钱修建公路和桥梁，增加工作岗位。**像这样不断地让金钱流通循环，经济规模就会越来越大，商品的价格也会随之增加。**

反之，近20年来日本经济没有增长，商品的价格就几乎没有什么变化，结果就是工资也没有增加，处于不景气的状态。在下一节中，让我们一起来思考一下日本的经济为什么没有增长。

通货膨胀与通货紧缩

    商品的价格是变化的。经济增长导致的涨价和经济下降导致的涨价，称呼各不相同。

    商品价格持续上涨的状态被称为"通货膨胀"，一般简称为"通胀"。

    通胀分为两种。第一种是劳动者的工资连年上涨，愿意购买商品的人数增加，所以商品的价格上涨。这样企业能够赚到钱，会继续给员工们涨工资，经济就这样不断地增长。

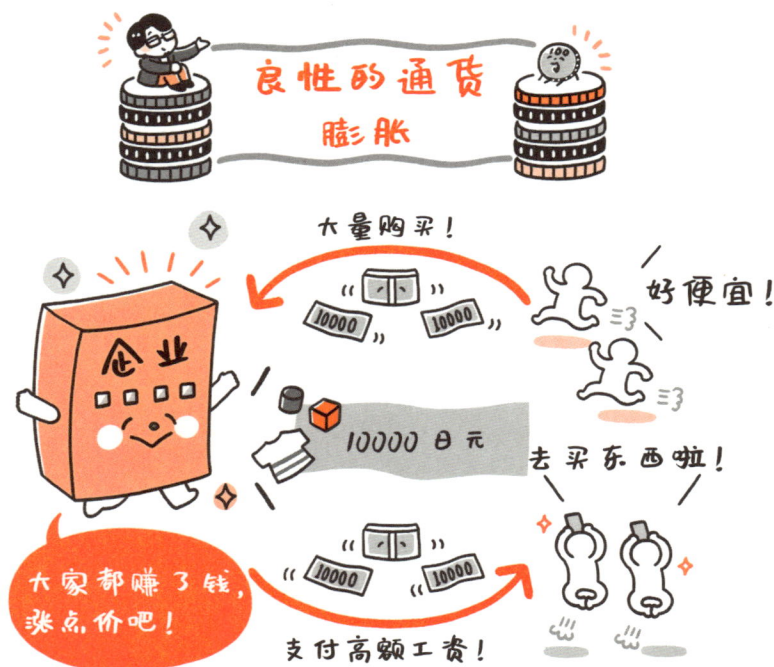

良性的通货膨胀

大量购买！

好便宜！

企业

10000 日元

去买东西啦！

大家都赚了钱，涨点价吧！

支付高额工资！

有钱了 我也不乱花

这种模式被称为"良性通胀"。

但还有一种"恶性通胀"。这是一种因为原材料的价格上涨导致商品的价格上涨，但工资却不增长的状态。

比如，制作商品时使用的材料和让设备运作时所需的石油与汽油等能源的价格上涨时，企业就会将多出来的这些成本转嫁到商品的价格上。但是，商品价格太高的话会很难卖掉，而卖不出去商品的企业就赚不到钱，也没办法给员工涨

恶性的通货膨胀

价格上涨
· 材料
· 能源

企业

不涨价的话连原材料都买不起了。

没有钱买不起啊……

10000 日元

商品卖不出去，没办法给员工涨工资……

太贵了！

什么也买不起！！

工资，导致员工的工资一直很低。员工们因为工资太低，而商品的价格太高，结果谁也不买东西。于是大家的生活都变得非常艰苦。

与通货膨胀相反，商品的价格不断下降的状态被称为"通货紧缩"，简称为"通缩"。可能有人认为，商品价格不断下降是件好事，但实际上通缩也是非常可怕的现象。

如果商品总是卖不出去，企业为了降低商品的价格就会降低员工的工资，不雇佣正式员工而雇佣成本更低的兼职员工。但这样一来，不管商品的价格多便宜，因为工资太低，人们还是无力购买。企业只能继续降低价格，但这样又会进

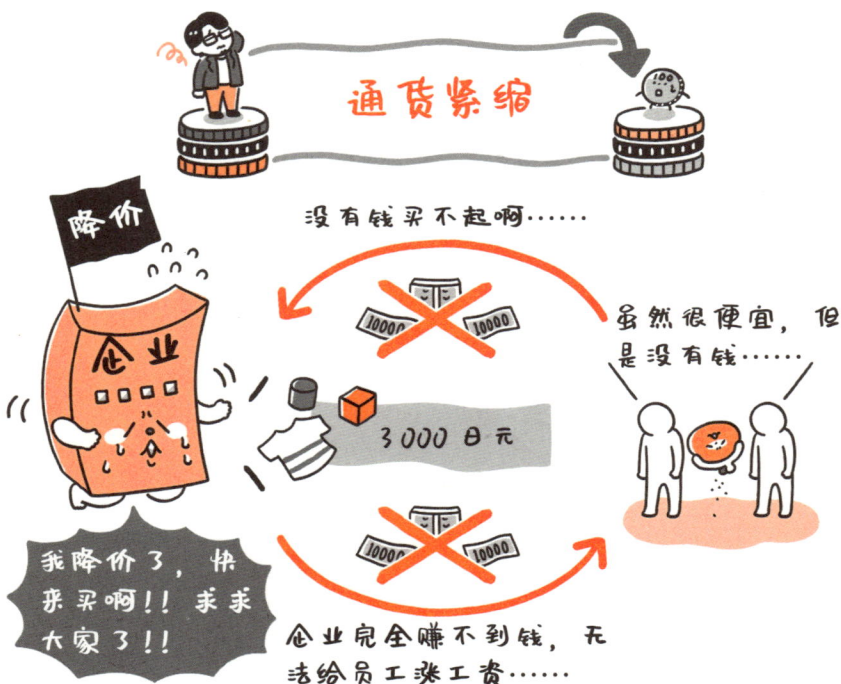

通货紧缩

降价

企业

没有钱买不起啊……

3000日元

虽然很便宜，但是没有钱……

我降价了，快来买啊！！求求大家了！！

企业完全赚不到钱，无法给员工涨工资……

有钱了 我也不乱花

一步降低员工的工资，导致经济停滞。这种最可怕的恶性连锁反应就是螺旋式通缩。

要想解决恶性通胀和通缩螺旋，政府采取给大家发"钱"，刺激人们消费这种策略。这在日本被称为"给付金"，类似中国的消费券。此外，还可以通过"减税"让国民拥有更多的金钱用于消费，从而带动经济发展。这两种方法可以结合到一起。

现如今日本就处于各种原材料价格和能源的价格上涨，而工资却不涨的恶性通胀状态。因此日本的新闻里经常会有"给付金""减税"等关键词。

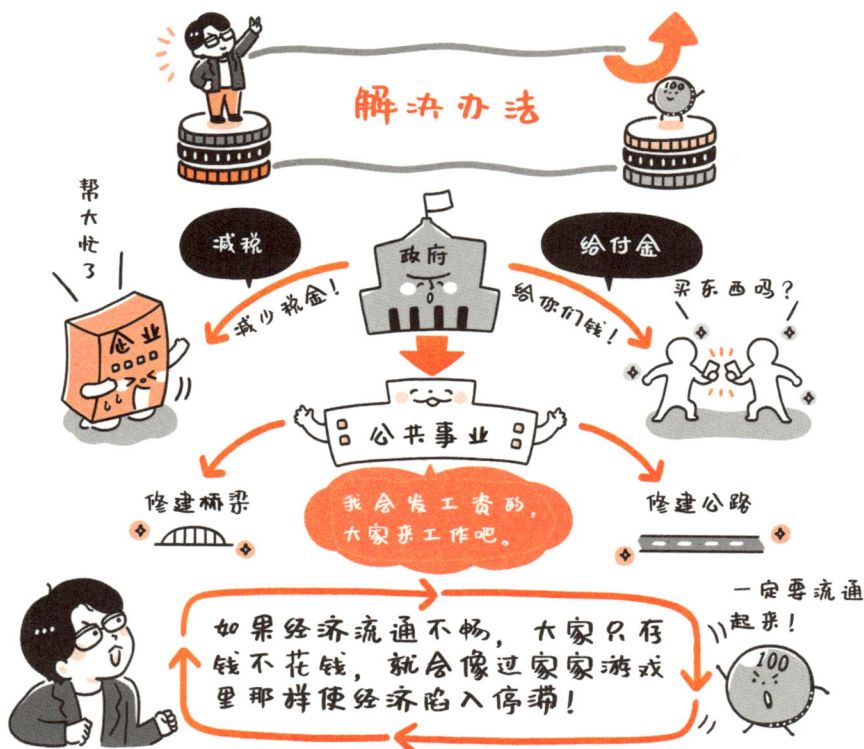

没问题！ 卡察 卡察

印刷局

订单
请生产 XXXX 日元
日本银行

拜托你了

日本银行

印刷局只按照日本银行的订单规定的数量生产金钱，然后交给日本银行。

印刷好的新钞票

切碎处理掉

要保留的
不要的

旧钞票也由日本银行确认后进行处理！

金钱是在哪儿生产出来的？

　　银行也分很多种，其中就有专门制作金钱的银行。但银行本身是没有工厂的。10 日元硬币和 100 日元硬币是由（日本）独立行政法人造币局制作的，1 000 日元等纸币是由（日本）独立行政法人国立印刷局制作的。

　　不过，制作金钱的工厂并不能决定要生产多少金钱。做决定的是日本银行（纸币）和日本政府（硬币）。

　　可能有的日本人对日本银行这个名字感觉比较陌生，从来没听说过叫这个名字的银行。确实，在家附近和车站旁边

有钱了 我也不乱花

银行的银行

日本银行①

发行新钞　决定利息

那任何一家银行都可以兑换到新的钞票。

崭新

向各个银行发行新钞并告知利息

A银行　B银行　C银行　D银行

都没有日本银行的分行，在便利店里也没有日本银行的 ATM 机（自动柜员机）。

日本银行是"银行的银行"，简单说就是银行的家长或者老板。日本银行负责对整个日本社会上流通的金钱（经济）进行监测，决定应该生产多少金钱，以及决定银行的利息，承担着非常重要的职责。在中国，中国人民银行负责发行人民币，而人民币的制造是来自中国印钞造币总公司。

---

① 银行性质为中央银行。

为什么不能生产大量的金钱呢？

如果有很多钱的话……

受不了

买房子！买衣服！
买游戏机！买汽车！

商店

人山人海

东西都卖出去了，赚钱了！但没有人工作，忙不过来啊！

不想工作！
购物！购物！

有主意了！

商店

100万

500万

1亿

为了让人来工作，提高商品的价格并涨工资吧！

什么都买不起！

日本银行

政府

提高税金和利息，减少社会的金钱总额！

咚～～

既然金钱的数量是由政府和日本银行（中央银行）决定的，那么为什么不多生产点金钱呢？这样大家不是都能过上幸福的生活了吗？或许会有人这样想吧。这个世界上确实有人因为没有钱而生活得非常辛苦，但如果大家全都有很多钱的话也并不是什么好事。

让我们来假设一下，政府每个月给每个人发放100万日元。大家全都会变成有钱人。每个月100万日元的话，1年就有1 200万日元。但这样会带来怎样的结果呢？每个人都可以买房子、买汽车，游戏机和家用电器更是想买就买。原本需要通过降价来打价格战的商店也

有钱了 我也不乱花

不用再降价了，甚至涨价都有人来买东西。

每个月都能领取 100 万日元的话，人们就不用出门上班了，愿意工作的人就会越来越少。这样一来如果不给很高工资的话就没人来工作。企业为了雇佣员工就需要给很高的工资，但这会导致企业的利润减少。于是企业只能不断地提高商品的价格。

由此可见，如果生产大量的金钱，可能会使商品的价格不断上涨。最后的结果就是即便有很多钱，生活也并没有变得幸福。

在这种情况下，政府和日本银行（中央银行）会通过税金将过多的钱收回来，或者提高利息来对社会流通的金钱总额进行调整。

关 于 金 钱 的 小 知 识

　　有时候，钞票上的设计会有所改变。（日本）一般每隔20年就会改变一次，为什么要改变钞票的设计呢？主要是为了防伪。经过20年的时间，科学技术也会有巨大的进步。比如20年前并没有智能手机，现在大家常用的微信、抖音、微博也全都没有。

　　也就是说，20年前用当时最先进的技术制作的钞票，也随着科技的发展而变得容易伪造。于是就需要用新的技术来让钞票变得难以伪造。顺带一提，就算大家想要更多的钱，也绝对不能私自伪造钞票，会被警察抓起来的。

第 **5** 章

让钱为我们工作?!

利用投资使金钱增加的方法

有钱了 我也不乱花

有钱了 我也不乱花

好像是……
好像是在证券公司工作。
原来如此，和我是同行啊（笑）！
老师也买股票吗？
哇
好帅气
是的！
我做的也是同样的工作。
安静——
安静——
运动饮料是运动员的命根子！
帅气
帅气
……有什么不对吗？
阴沉
害怕
没关系！老师你更亲切！
谢……谢谢你？
啪啪
可乐

不过，符合预期是什么意思？

预测股票并购买吗？

像占卜一样吗？？

业绩提升

股价下降

预测哪些企业未来能经营得很好，就买哪些企业的股票！

如果企业的业绩真的增加了，钱就会变多；

如果业绩差的话，钱就会变少。

信息

企业必须按时、准确地公开经营信息。

可以根据已公开的信息做出判断。

那岂不是和赌博一样吗？

并不是！

不！

有钱了 我也不乱花

什么是投资？

支付金钱

企业 股票

出售股票

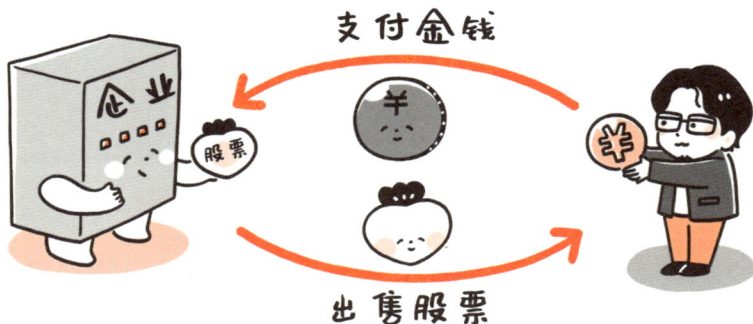

我会用出售股票换来的钱努力工作，成为赚钱的企业！

钱能生钱的投资

我们拿到钱的时候，除了把钱存起来，还可以把钱花掉，或者用于投资和捐赠。在本章中，我们来思考一下如何通过"投资"使钱变得更多吧！

把钱存进银行虽然也能赚取利息，但金额很少。如果想获得更多的回报，最好的办法是"投资"。

投资指的是"让金钱去工作并赚取更多金钱"的机制。相当于让金钱代替自己去工作，然后带着朋友们一起回到你身边。

投资也有许多种类，比较常见的当数股票投资。

有钱了 我也不乱花

股票投资

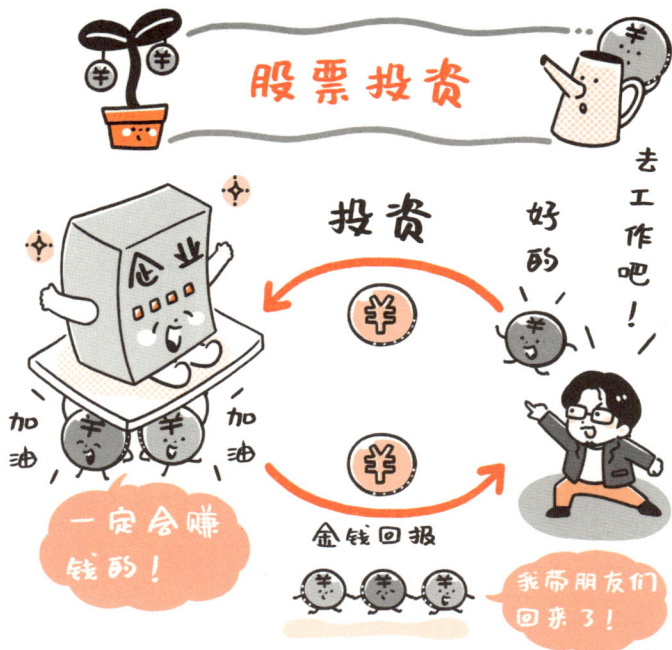

股票投资指的是购买企业发行的股票，日本大约有 3 800 家企业发行股票。我们可以通过证券公司来购买股票，如果你觉得这家企业未来能够发展壮大，或者这家企业的商品能够热销，就可以购买他们的股票。等这些企业赚到钱之后，你手中的股票价格（股价）也会上涨，这样你的钱就变多了。

反之，如果这家企业因破产或者商品卖不出去业绩恶化，那么你手中的股票价格就会下跌，你的金钱就会遭受损失。

什么是股票？

让我们来详细地了解一下股票投资吧。"股票"究竟是什么呢？

假设你想成立一家公司。你有很多好主意，如果这些创意能够变为现实的话，一定能让很多人感到高兴，而你也能因此赚到很多钱。但要想实现你的创意，需要很多的钱。因为你要给员工支付工资，还需要修建工厂、购买设备。如果你是这家公司的管理者，你该怎么做才好呢？

或许有人会想："找银行贷款吧。"但银行只会给那些确定有偿还能力的企业贷款。毕竟如果只是把钱借出去却无法收回的话，银行也会倒闭。所以银行会对企业进行非常严格的调查，确保你有偿还贷款的能力。

但如果是刚刚成立的企业，银行也不知道它能不能取得成功，毕竟未来的事情谁也不知道。所以，绝大多数的情况下银行都不会借钱给刚成立的企业。或许也有银行愿意贷款，但金额一定非常少。仅凭这么一点钱根本不够修建工厂和购买设备。

于是，股票就应运而生了。企业发行股票，筹集到资金之后就可以将自己的想法变为现实。

与向银行贷款不同，股票就像是卖出去的商品，并不需要还钱，所以非常划算！

有钱了 我也不乱花

但有一点需要注意。如果不断地出售企业的股票，被别人拥有了超过一半数量的股份，那么拥有这些股票的个人就会成为企业的所有者。

拥有超过半数股份的人，也拥有决定企业大小事务的权力。他可以自己成为管理者，也可以任命别人成为管理者。

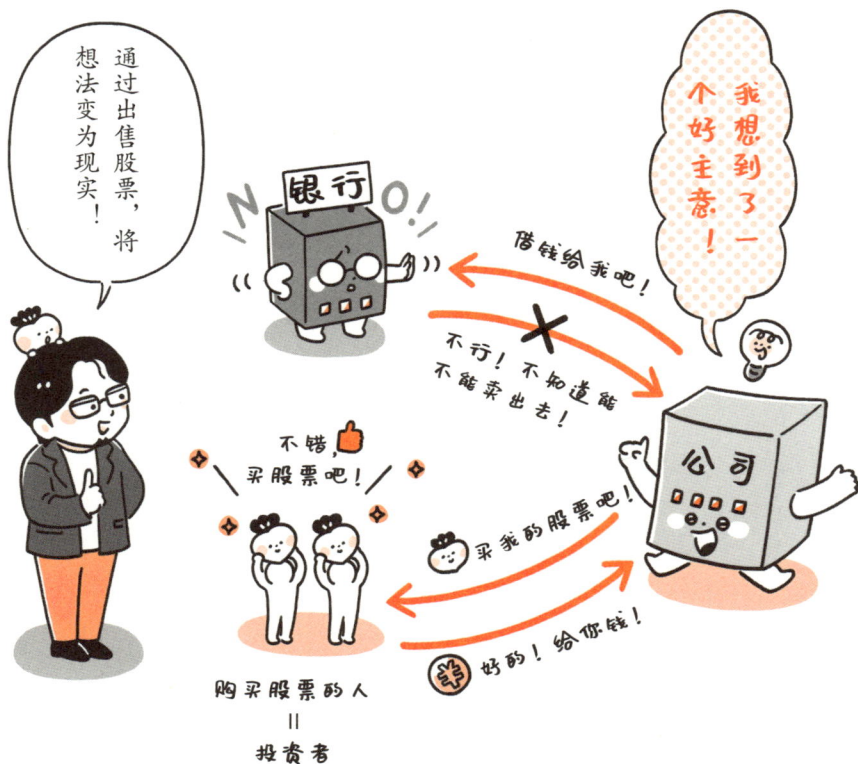

通过出售股票，将想法变为现实！

我想到了一个好主意！

银行
NO!
借钱给我吧！

不行！不知道能不能卖出去！

不错！买股票吧！

买我的股票吧！

公司

好的！给你钱！

购买股票的人
＝
投资者

利用股票让金钱增加的原理（其一）

前面提到，出售股票的企业不必还钱。那么购买股票的人要如何使自己的金钱增加呢？投资股票使金钱增加的方法有好几种。其中之一是"资本收益"。

这个词可能听起来有些难以理解，但其实机制非常简单。股票可以自由买卖，通过买卖的差额就能赚钱。比如你在某企业的股价为100日元的时候购买了它的股票。1年后，这家企业推出了热门商品，股票的价格上涨到200日元。这时你把以100日元买到的股票以200日元的价格卖出，就赚了100日元。你赚的这100日元就叫作"资本收益"（实际上还需要缴纳大约20%的税金，所以真正到你手中的只有80日元）。

这里面的秘诀也非常简单，就是"低价买入，高价卖出"。不过，那些业绩很好或规模很大的企业，本身股票的价格就很高，一般人是买不起的。而购买那些不知名的小企业的股票，虽然买入时的价格很低，却不能保证未来价格会上涨，甚至还有下跌的可能。要想在这么多家企业中找出有发展前景的"优良企业"，对大人来说也不是件容易的事。

很多人都在参与股票投资。其中有对股票十分熟悉的专家，也有拿着几十亿，甚至上百亿日元的资金只买自己喜欢的股票的人。你觉得自己能够找到连这些专业人士都没有发

有钱了 我也不乱花

A公司的股票

100日元购买的股票

啊！股价上涨了！

A公司的股票现在能卖200日元！

闪亮 卖掉吧！

股票的规则

赚钱！

低价买入，
高价卖出！

卖出金额 200日元 — 买入金额 100日元 = 100日元的收益

= 资本收益

这就是利用股票投资使金钱增加的方法！

现的"优良企业"吗？此外，我们自认为的优良企业，也可能因为经营者违法犯罪导致企业破产，或者因为意外的灾害使企业的股价下跌。因此，要想靠股票投资赚钱实在是非常困难。

股票原本是用来融资的手段。能够将仅凭个人资金无法实现的事情变为现实，是让社会发展进步的重要方式。也有很多买股票的人并不是为了赚钱，而是为了向企业提供支援，

这就是股票投资的有趣之处，也是困难之处！

知名的大企业

股价稳定，但往往不会大涨 = 规模庞大 可能会盈利 受欢迎

中小企业

股价可能大涨，也可能大跌 = 不高 知名度 规模小 不可靠

让社会变得更好。

　　顺带一提，日本股价最高的企业是以优衣库为代表的"迅销公司"。 每股的价格接近 7 万日元（2022 年 6 月）。日本的股票最低 100 股起售，所以要想购买迅销公司的股票，至少也要有 700 万日元。

因为单元股制度规定①，持股必须在 100 股以上才有资格向企业提出意见和建议。

为什么日本的股票最少必须买 100 股呢？

×100～
100 股起售！！

---

① 单元股制度指一定数量的股份合计为一个单元股，股东对一个单元股持有一个决议权的制度。日本是实行单元股制度的国家。

利用股票让金钱增加的原理（其二）

　　股票投资还有一种获得收益的方法。出售股票的企业，会将利润的一部分分给购买股票的人。这部分利润被称为"分红"。<u>一般每半年或者每年分红一次，根据股东持有股份的数量来分配红利。</u>

　　比如你购买了某个企业的股票并连续持有了 1 年。在这 1 年间如果股票价格没有大涨大跌，就无法获得前面提到过的"资本收益（通过买卖的差价赚钱）"。因为 100 日元买的股

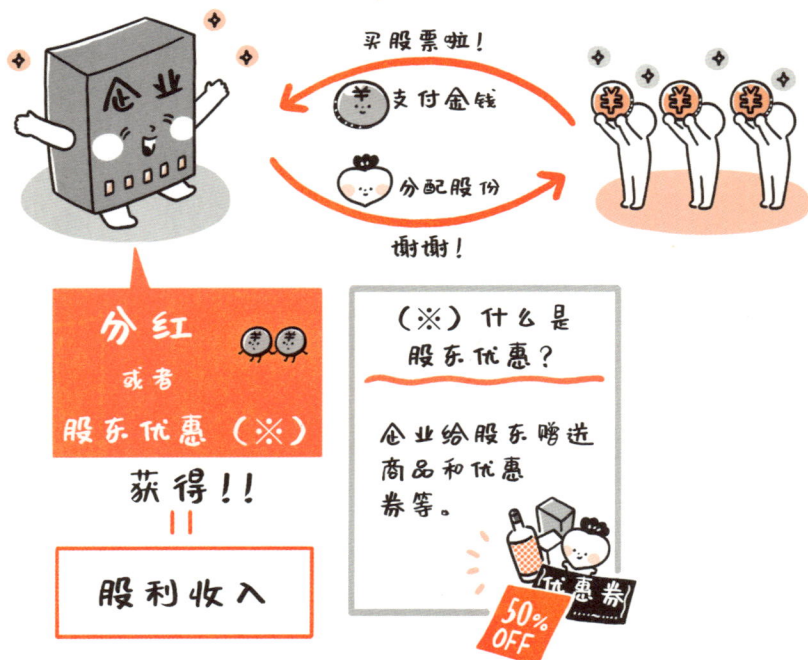

买股票啦！

支付金钱

分配股份

谢谢！

分红

或者

股东优惠（※）

获得！！

=

股利收入

（※）什么是股东优惠？

企业给股东赠送商品和优惠券等。

优惠券

50% OFF

有钱了 我也不乱花

票以 101 日元卖出去也赚不到多少钱。

　　但如果企业在这 1 年内进行 2 次分红的话，那么你就能获得相应的收益。**通过分红获得的收益被称为"股利收入"。**

　　不过，也有不进行分红的企业。因为有的经营者认为，与其将利润分给股东，不如用来扩大再生产，促使企业的股价进一步上涨，这样股东们也可以通过"资本收益"赚取利润。此外，也有因为企业利润不佳而无法分红的情况。

　　购买价值 100 日元的股票，如果每次分红 1 日元，每年分红 2 次的话，就算股票的价格一分没涨，投资 100 日元也仍然能够获得 2 日元的分红，相当于 1 年增长了 2%。比存在银行里划算。现在日本的银行的利息是 1 年 0.001%。但正如我反复强调的那样，如果股价下跌，仅凭分红是无法弥补损失的。

　　除此之外，**有的企业还会给股东优惠，向股东赠送商品和优惠券等。** 就算金钱没有增加，也会有得到了实惠的感觉。也有专门为了股东优惠而去购买股票的人呢！

有些公司的股东优惠很受欢迎！

喜欢！

孩子们也喜欢！

因为新型冠状病毒疫情股价上涨和下跌的股票

会因居家时间增加而收益增多的企业

游戏公司

能够送餐的饭店

让我们来具体地看一下股价的变动情况吧。在新冠疫情还没有扩散得很严重时，我在面向小学生们的金钱教育课堂上提出过这样一个问题："今后疫情发展严重的话，你会买哪些企业的股票，不会买哪些企业的股票呢？"

孩子们的回答如下：因为受疫情影响，居家的时间肯定会增加，所以游戏公司和能送餐的饭店等企业的股票很受欢迎；反之，因为很多人都不能出门，所以铁路、航空、不能送餐的饭店等企业的股票则没有人愿意买。

小学生们虽然从来没有真正地进行过投资，但如果真的按照他们给出的建议购买股票的话，现在确实能赚一大笔钱。

可能有人觉得，如果是这样的话股票投资未免太简单了，但投资就是这样神奇的东西，你想得越简单越容易赚钱，而一旦自己真正开始投资，就会瞻前顾后，想得太多，结果反而经常亏损。

有钱了 我也不乱花

今后还会发生许多令我们意料不到的事情。在这种时候，**如果能够冷静地思考社会将会有怎样的发展和变化，就能提高股票投资盈利的概率。** 看新闻的角度或许也会随之发生变化。

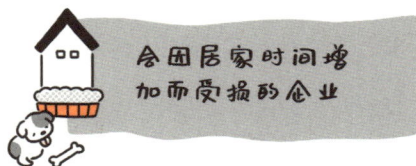

会因居家时间增加而受损的企业

铁路公司

航空公司

不送餐的饭店

判断准确……

要注意"绝对赚钱"的陷阱

现在大家对股票投资应该有一定的了解了吧。如果投资顺利的话，肯定比把钱存在银行里赚得更多，但投资失败的话也会有损失。从这个角度来看，或许有人觉得还是把钱存在银行里更加安全。我认为这也是个正确的判断。

在了解了股票投资的原理之后，放弃投资也不失为一个正确的选择。但要是因为不知道投资的方法而放弃投资就未免太遗憾了。我是出于这样的想法才给大家介绍关于投资的相关知识。

每当我给大家介绍投资方法的时候，总会有人提出同样的问题："有没有绝对不会赔钱的投资方法呢？"

先说结论吧，答案是"没有"。如果真有这种投资，那世界上就不会有人因为金钱的问题而烦恼了。

如果有绝对不亏钱的投资方法，那么可以从全世界每个人手中收取 100 日元——现在全世界大约有 78 亿人——一共收取 7 800 亿日元。用这笔钱投资，每年收益 10% 的话就有 780 亿日元。然后用这笔钱去帮助那些贫困的人不就好了吗？但实际上并没有这种好事。

我们现在学习了如何使用金钱、存储金钱、增加金钱，但守护金钱（不让金钱变少）也非常重要。大家可不要因为

有钱了 我也不乱花

被人欺骗而蒙受金钱损失。

　　骗子最常用的话术就是"绝对能赚钱"。但在投资的世界中并没有"绝对"的事情。如果有人对你说"绝对"怎样怎样，那么这个人绝对是骗子。

骗子！
说这种话的人 100% 是骗子！
甚至有很多大人都被这种话骗了！

绝对能赚钱的！

股票之外让金钱增加的方法

　　虽然没有绝对能够赚钱的投资方法，但大家一定想知道成功率比较高的投资方法吧。接下来我将为大家介绍几种股票投资之外的投资方法。

　　第一个是"债券"。债券指的是国家和企业发行的一种有价证券，购买者可以在几年后连本带利获得返还。比如购买 1 万日元的债券，10 年后能获得 1 000 日元的利息，而且本金也会同样返还。

　　国家发行的债券叫作"国债"，企业发行的债券叫作"公司债"。一般来说，公司债比国债的利息更高。因为国家几乎不会破产，但企业存在破产的可能性。**赔钱的可能性（风险）越高，利息（回报）也就越高。**如果购买了"公司债"的企业破产，那么债券也就会变成废纸。

　　第二个是投资信托。将全部财产都用来购买一家公司的股票非常危险，对吧？没错，一旦这家公司破产，股票也会变成废纸。因此，**买许多家公司的股票，每一家都买一些，就可以避免财产全部赔光的情况。这被称作"分散投资"。**

　　日本的股票是 100 股起售。如果 1 股 1 000 日元的话，100 股就要 10 万日元。要是想购买 10 家公司的股票进行分散投资，就需要 100 万日元。

有钱了 我也不乱花

而通过投资信托的话，人们可以只花很少的钱就对100家企业甚至1 000家企业进行分散投资。由于整个投资过程都委托专业人士来完成，所以必须支付一定的手续费。此外，投资信托也并非一定能够赚钱，还是有赔钱的风险，请务必记住这一点。

投资信托的机制

A公司、B公司、C公司……由专业人士制订分散投资的计划。

就算只有很少的钱也能分散投资，所以很放心！我买100日元的！

在新型冠状病毒疫情期间，也有准确解读社会动向而从中获益的投资信托！

投资信托

投资专家

支付金钱

分红和资本收益

顾客

写给想要尝试投资的人

说了这么多关于投资的内容，其实小朋友们也可以进行投资。

不过，小朋友仅凭自己无法投资，需要经过父母的允许在证券公司开设一个"未成年账户"，然后在父母的帮助下进行交易。如果有人感兴趣的话，可以和父母提出要求，尝试着进行一下投资吧。

如果是对投资很感兴趣，但又不愿马上投入资金的人，还有一个方法。那就是假装自己购买了目标公司的股票，然后每天通过网络来关注股票价格的波动情况并将结果记录在日历上。

这样过了一个月或者一年之后，确认股票的价格有怎样的变化，看看是否符合自己的预期。虽然金钱并没有发生变化，但通过这种虚拟的投资体验，应该也能够感受到投资的乐趣和困难。

最近还出现了可以体验投资的应用程序。有的可以虚拟购买股票，并且和其他用户比赛投资的成绩；有的还可以和其他用户交流投资心得和股票信息。

有钱了 我也不乱花

从没有进行过投资的人，对于将金钱用于投资肯定会有不安的感觉。首先买一些介绍公司信息的书籍和杂志，尽量多了解一些与投资相关的知识和信息，然后寻找自己想要投资的企业吧。

能够体验投资的游戏

交易模拟

可以体验虚拟交易的乐趣！

股票助手

用漫画和插图轻松掌握股票知识

投资家

投资信托模拟软件

明日股票

预测明天股票价格的模拟软件

小朋友进行投资的方法

开设未成年账户

※ 需要和父母一起开设！

中国比较有名的证券公司

东方证券	广发证券
中信证券	国泰君安

购买外币也是投资？

在日本卖 100 日元的果汁，在外国的超市里往往能卖到 150 日元或 200 日元的高价。为什么同样的东西在不同国家的销售价格不一样呢？

首先是因为有税金。 从外国进口商品的时候需要缴纳税金，所以进口商品的价格都会比原价高一些。

其次是因为有运费。 比如将商品从日本运到中国，需要用飞机或者船来运输。但运输可不是免费的，运输的费用都会加到商品上，结果就使商品的价格增加了。

第三个原因是"汇率"。 "汇率"指的是本国的钱与其他国家的钱相互兑换时的比率。

比如美国的金钱是美元，1 美元能够交换多少日元，这个金额每天都在变化。

因为"汇率"每天都在变化，所以 1 美元有时候能换 100 日元，有时候能换 110 日元。也就是说购买外国商品的时候，有时候只要支付 100 日元，有时候则要支付 110 日元。有点麻烦是吧（笑）？

如果全世界都只有一种货币的话，就不会出现这种问题，但现在世界上拥有自己的货币的国家有很多。

有钱了 我也不乱花

这样的话，在 1 美元能换 100 日元的时候购买美元，等 1 美元能换 130 日元的时候再换回日元，就相当于赚了 30 日元。买得越多就能赚得越多。**这就是"外币投资"。**

某月某日汇率
1 美元 =100 日元

汇率是每天都会变化的吗？这样的话，要是零花钱给我美元就好了……

日本的商店不收美元，还是要换成日元才能买东西。

某月某日汇率
1 美元 =110 日元

还差 10 日元！

学到就是
赚到!

关 于 金 钱 的 小 知 识

　　我第一次进行股票投资是在 20 岁的时候，当时我正在读大学。有一天，父亲送给我一本书，书里讲的是一名和我一样的大学生通过股票交易赚了 3 亿日元的故事。书中讲到，只要是擅长玩游戏并且了解经济和会计的人，就能通过股票交易赚到钱，而我刚好很喜欢玩游戏，于是就开始进行股票交易了。

　　身为经济分析师的父亲给我推荐了手续费比较便宜的证券公司，我顺利地开了账户并在电脑上安装了应用程序，开始了我的股票交易生涯。虽然我没有在大学期间赚到 3 亿日元，但通过股票交易了解了许多公司的信息，也对金钱是如何在社会上流通的加深了理解。这也是我通过投资得到的最大收获。

第6章

如果不知道的话就很危险！

小心金钱的陷阱

有钱了 我也不乱花

现在我逐渐了解关于金钱的知识了。

老师，

虽然非常复杂，

但了解之后就感觉非常有趣。

因为我给你们讲了很多连大人都不知道的事情。

金钱这种东西，就算不是很了解，也一样能使用。

连大人也不知道的事情？

你们之前就是这样。

那，那是……

我要采可乐和漫画杂志

呵呵

呵呵

我可乐

有钱了 我也不乱花

长大成人，开始工作之后，就能拿到工资。

这样就能支付房租，还能买食物。

但很多人除此之外就不想再思考与金钱相关的问题了，因为觉得很麻烦。

是吗……我家好像就是这种感觉……

也没有进行过什么投资。

可乐

房子 食物

他们只会说：『认真地生活！』『不要乱花钱！』

认真地生活！

爸爸 妈妈

这也是一种生活方式，你父母说得没错。

有的人对金钱的知识不了解就贸然投资，结果被骗了。这样的事情也很多呢。

啊？！

所以关于金钱，我们必须了解使用方法、储蓄方法、增加方法和守护方法。

使用方法、储蓄方法、增加方法

守护方法

守护方法吗？

最近还有不少大学生上当受骗呢。

嘻嘻

坏人

我有个好机会的！

让我们试试吧！

不了解金钱的知识和经济的机制，

听到有人说『能赚钱』就轻易地相信了别人……

不要担心！！

如果我们前面说的那些你都能理解的话，那么关于金钱，你懂的就比那些大人还多了！

力量

真的！

真的吗？

现在你可以教你的爸爸妈妈了！因为有些与金钱相关的知识在学校里是学不到的。

有钱了 我也不乱花

确实如此……

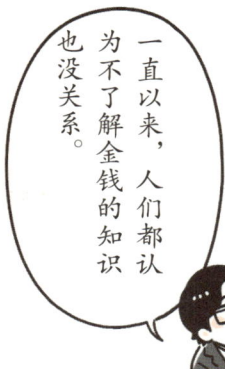

一直以来，人们都认为不了解金钱的知识也没关系。

因为我爸爸从事的是与金钱相关的工作，

所以我闲暇的时候就看他的书，掌握了很多相关知识。

但我爸妈却说：『跟孩子说金钱的话题还太早。』

是这样吗？

以前大家都这么说，

但小时候掌握的那些金钱知识，给了我很大的帮助！

所以，我觉得对小孩子进行金钱教育也不算早。

我认为，就算是很复杂的金钱知识，只要仔细地解释和说明，孩子们也都能理解。

接下来我就给你们讲一讲守护金钱的方法吧！

不要借钱

想在自动贩卖机上买果汁的时候，有没有跟朋友借过120日元？关系比较好的朋友之间，谁都有过相互借钱的经历吧。如果数额不大，而且能记得还钱的话，我觉得并没有什么问题。

但是，<u>不管关系多么亲近，不借钱是金钱的基本原则之一。</u>

金钱可以给人类带来方便，但也是一种非常可怕的东西。不管关系多么好，人们也有可能因为金钱的问题出现争执，甚至还有亲朋好友和家人因为金钱而闹上法庭的情况。在当今社会，没有金钱可以说是寸步难行。金钱已经成为我们生活中的必需品，所以借钱也很容易发展成严重的问题。

还有一点，这也是我的父母一直告诫我的，那就是"不要做担保人"。可能大家没听说过"担保"这个词，但其中的机制非常简单。

保证书
如果A没有还钱的话，我来代替A偿还。
好友B

B君

A君

担保人

比如你的朋友要向别人借一大笔钱。因为金额巨大，所以借钱的人有点担心你的朋友不还钱，于是要求你的朋友找一个担保人。一旦朋友不还钱，债主就会去找担保人来代替朋友偿还。也就是说，担保人和借钱的一方承担同样的偿还责任。

如果你做了担保人，而你的朋友不还钱的话，那么你就要代朋友还钱。

如果朋友遇到困难，很多人首先想到的都是去帮助他，对吧？但是涉及金钱的话，还是要先慎重地考虑一下。而且，就算你的朋友并没有赖账的想法，也可能因为事故或者疾病导致无法还钱，这些因素都要考虑在内。

不知道未来会发生什么样的事情，所以不管关系多么亲密，也不要做担保人。

不！

保证书

关于诈骗

"想轻轻松松就赚到很多钱!"一定有很多人都是这样想的吧。但这种想法很容易被坏人利用。这些坏人就是"诈骗犯"。

正如上一章中提到的那样,用"一定能够赚钱""绝对不会赔钱"之类的谎言欺骗别人的就是诈骗犯。这样的人会拿出许许多多的资料,话术也非常高明。不管你多么小心提防,但只要心里有"想要轻轻松松赚大钱"这种想法,就会在不知不觉间上当。

诈骗有许多种类,大家最需要注意的是"传销"。因为传销不仅会让你自己损失金钱,还会让你也变成诈骗犯,去欺骗家人和朋友。

最近在大学生之间就出现了类似这样的传销诈骗。起初,有人说:"只要购买这份数据,投资就一定能够赚钱。"然后他以一份 50 万日元的价格出售这份数据。而买了数据的人则会按照上面的指示来进行投资。

但在这个世界上并没有一定能够赚钱的投资。所以在绝大多数情况下,这个投资都会以失败告终。50 万日元也白白浪费掉了。但诈骗犯会这样说:"请将这份数据卖给你的亲戚朋友吧!每卖出 1 份我就给你 5 万日元。"

如果是你的话,会怎么做呢? 只要卖给 10 个人,你赔掉

有钱了 我也不乱花

的 50 万日元就能回本。而且如果购买数据的人员不断增加，还会给你带来巨额财富。

但是，如果你真的这样做了，你自己也会变成诈骗犯，不仅会失去金钱，还会失去亲人和朋友。这正是传销真正的可怕之处。

如果有"一定能够赚钱"的投资数据，谁也不会把它卖掉的，肯定会自己拿着去赚钱了。所以大家一定要注意，没有天上掉馅饼的好事。

传销

传销头目会不断地
获取利润……

诈骗犯

卖给你的
朋友吧！

不用钱购物的方法（其一）

长大成人之后，就可以使用信用卡来购买商品。大家和家长一起去买东西的时候，应该见过爸爸妈妈拿出一张小卡片来付钱的场景吧。

明明可以用现金来购买商品，为什么要用这张小卡片呢？这也是有原因的。

比如你家要买一个空气净化器，商店里卖的价格是 1.5 万日元，但你的钱包里只带了 1 万日元。在这种情况下，你只能回去取钱或者去银行取钱。很麻烦，对吧？要不然就只能找价格更便宜的款式，或者改天再来买了。

如果有信用卡的话，就算没有现金也一样可以购买商品。因为信用卡公司会先替你付款，之后再从你的银行账户里把垫付的钱扣除。 很方便吧？这就是信用卡的神奇之处。你可以先从信用卡公司借钱购买自己想要的东西，1 个月之后把钱还回去就好。

信用卡公司为什么愿意把钱借出去呢？

这是因为信用卡公司可以向商店收取手续费。 虽然购买商品的顾客只通过信用卡支付了商品的价格，但店铺却需要向信用卡公司支付手续费。

店铺会因此稍微损失一些金钱，但因为信用卡使用起来十分方便，如果禁止使用信用卡的话，或许会流失一部分顾

有钱了 我也不乱花

客。所以日本很多店铺都会在门口贴上"可以使用信用卡"的标志。就算需要支付手续费，店铺也愿意让顾客来购买自己的商品。

信用卡支付的机制

股票

信用卡公司

商品的金额

手续费

偿还金额

商店

信用卡支付

商品

这样一来，商店和顾客之间就不需要用现金来进行交易了。

不用钱购物的方法（其二）

用信用卡购物的话，不用直接向商店支付金钱，但需要向信用卡公司偿还金钱。偿还的时候，可以选择一次全部偿还，也可以选择分多次偿还。

比如，你用信用卡支付的方式购买了 1 万日元的商品，下个月用存款直接偿还 1 万日元就是一次全部偿还。这被称为"一次付清"。

也有分 3 次或 5 次等多次偿还的方法，被称为"分期付款"。如果分 3 次偿还，那就是在购物后的下一个月，下下个月，下下下个月，将购物的金额分成 3 份来偿还。但这样的话，因为信用卡公司将钱多借给你 3 个月，所以每个月都会有利息。需要偿还的金额比购物的实际金额要稍多一些。

"分期付款"和后文中即将提到的"贷款"一样，虽然在人们没钱的时候也可以让他们购买到很昂贵的商品，但如果买得太多，每个月需要偿还的金额也会变多。虽然分期付款比一次性支付的压力要小一些，但最终也是要偿还全部金额的，这一点不要忘记！

此外，信用卡还有一种叫作"循环信用"的功能。简单来说就是不管你花了多少钱，每个月都得向信用卡公司支付一定的金额和手续费。

比如，你和信用卡公司约定好每个月支付 1 万日元和手

有钱了 我也不乱花

续费，那么不管你买了多少东西，每个月都只需要支付 1 万日元和手续费。

虽然看起来很方便，但你花出去的钱早晚是要全部还清的，而且因为每次都要支付手续费，所以实际支付的金额比你购物所花的金额要多得多。我不太推荐这种方法。

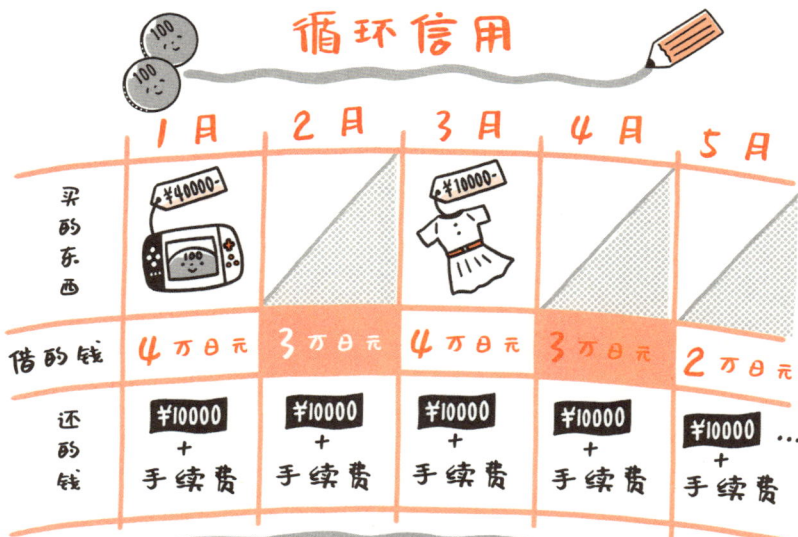

循环信用

	1月	2月	3月	4月	5月
买的东西	¥40000		¥10000		
借的钱	4万日元	3万日元	4万日元	3万日元	2万日元
还的钱	¥10000 + 手续费	¥10000 + 手续费	¥10000 + 手续费	¥10000 + 手续费	¥10000 + 手续费 ...

在全部还清之前要一直还钱……

如果不还钱的话会怎样？

在前面介绍信用卡的时候，有没有人想过："如果用了信用卡却还不上钱会怎么样呢？"我小时候就对这个问题很好奇，所以在这里也给大家说明一下。

用信用卡购物的话，下个月信用卡公司会自动从你的存款余额中扣除需要偿还的金额。但要是你的存款不够还钱的话，会怎么办呢？

首先，信用卡公司会给你发送邮件，内容大概是"您的存款余额不足，无法偿还信用卡，请在某日之前偿还"。同时，你的信用卡也会被冻结，无法使用。

如果你仍然没有还钱，信用卡公司就会将"这个人不还钱"的信息发送给许多公司，使你无法申请新的信用卡。

而且在你还清欠款之前，信用卡公司会不停地给你发邮件、打电话来催你还钱。当然，因为一直没还清欠款，

注意！你的银行卡里只剩下"3日元"的存款。

哎呀！钱不够了！

如果只是忘记了，想起来的时候及时还款就没问题！

信用卡公司

有钱了 我也不乱花

所以利息也会不断地增加。欠款的记录会保存在电脑上，对方是绝对不会忘记的。最后甚至会强制没收你的工资，或者把你的东西拿去卖掉还钱（家里的所有东西都会被拿走）。

因此，就算有了信用卡也要有计划地进行消费，避免出现还不上钱的情况。只要及时还钱就没问题！

借钱是坏事吗？

前面一直在说诈骗和还不上信用卡的话题，可能让人觉得借钱实在是太可怕了。但实际上，如果正确借钱的话，也能享受到不少好处。

比如，你现在手里有 500 万日元。在你想买一辆价值 500 万日元的汽车的时候，如果把手里的钱全支付出去，手里就一分钱也没有了。当然，虽然钱没有了，但你获得了一辆价值 500 万日元的汽车，倒是也没什么问题。但如果你忽然生病需要紧急拿出 100 万日元做手术呢？如果手里没有钱的话就会很困扰吧。

所以，在买汽车的时候，自己可以只支付 100 万日元，剩下的 400 万日元都从银行借钱来支付。这被称为"贷款"。接下来你只需要每个月偿还一部分金额和利息给银行就好。虽然每个月都要还钱，可能会有一点心理上的负担，但毕竟你手里还有 400 万日元，一旦遇到什么紧急用钱的情况也就不用慌张了。

也就是说，用贷款的形式从银行借钱来进行支付，就可以把自己的钱留在手里。

不过，贷款需要额外支付利息，但因为现在日本的利息非常低，所以负担并不大。

有钱了 我也不乱花

支付巨额金钱的时候，需要仔细思考哪种方式对自己最有利。如果固执地认为"借钱是坏事"，可能会错过对自己有利的选择。所以掌握金钱相关的知识非常重要。

贷款的机制

购买！ ← 签订合同！ ← 支付 100 万日元

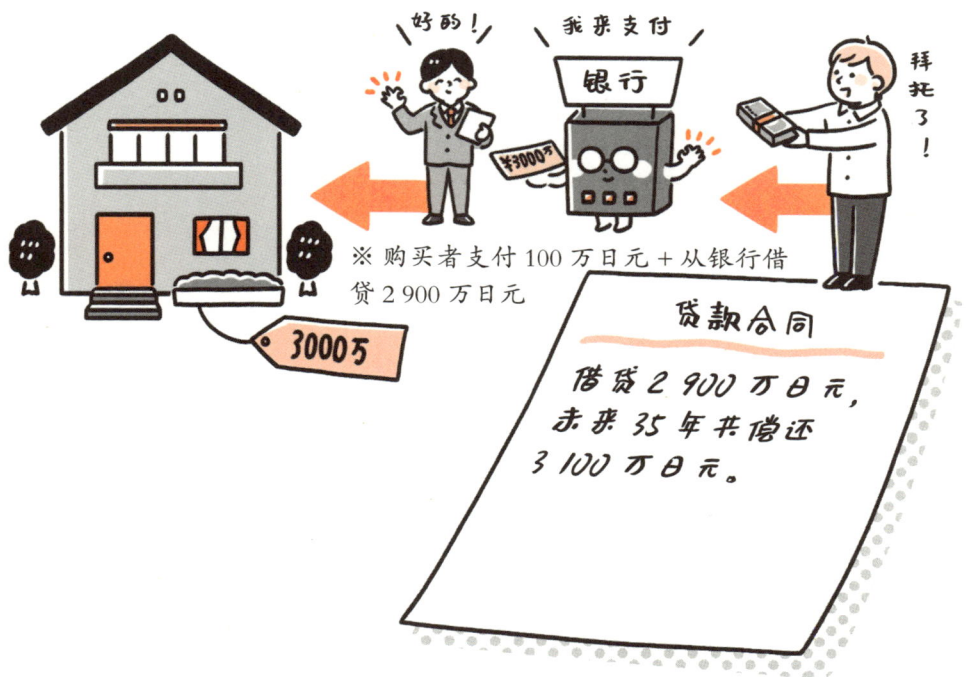

好的！

我来支付

银行

拜托了！

※购买者支付 100 万日元 + 从银行借贷 2 900 万日元

3000万

贷款合同

借贷 2 900 万日元，未来 35 年共偿还 3 100 万日元。

关 于 金 钱 的 小 知 识

　　在思考金钱的使用方法的时候，分析花出去的钱能够给自己带来多少好处也是很有趣的事情。

　　我最近热衷于健身和减肥。因为要去健身房和拳击馆锻炼，所以每个月都要各支付 8 000 日元左右的会员费。这个价格可不便宜。但我以前总是吃拉面、汉堡，还吃零食和冰激凌，喝很多饮料，自从开始减肥之后这些东西我就都不吃了，所以花在餐饮上的金额减少了许多。而且身材瘦下来之后也变得健康了，几乎不生病，也不用去医院，省下很多看病的费用。这样算下来，我反而是赚了。毕竟健康是最宝贵的！

第7章

今后会更加普及！

电子货币的知识

说起来，

小静的家里是直接把零花钱给她充值到西瓜卡①里。

购买！
嘀嘀

真的吗?!

※ 想象画面

很方便的感觉！

那就不用钱包了呢！

可乐

终于说到无现金时代的零花钱了吗？

哇！

……

有钱？ 我也不乱花

① 西瓜卡的原名是suica，是日本一种可充值的智能卡，有电子钱包的功能。

无现金时代？

嗯，就是不使用现金的时代。

小知识

纸的钱 = 纸币
金属的钱 = 硬币
纸币和硬币统称为现金

充值之后······

1000

使用充值的钱！

Suica

原来如此！

『嘀』的一声代表充值成功，现金就转到这张西瓜卡里面了。

我只在坐车的时候用过西瓜卡。

也有不少人在便利店里用它来结账。

时，我也见过。

但西瓜卡不知道什么时候就用没钱了，

要是能一下子给我存5 000日元进去就好了。

嗯~

~~

因为充值不及时，我在进站时被拦下过好几次。

很努力呢。

等发现的时候里面已经没钱了。

哎呀！

嘀嘀

砰

真难为情啊……

我也遇到过这种情况。

有钱了 我也不乱花

充值的钱用光了确实很麻烦。

毕竟使用西瓜卡之类的充值卡，没有花钱的切实感觉。

如果看不见钱变少，就感觉不到自己在花钱。

确实没有使用金钱的感觉呢。

啊

对吧？你知道坐车到下一个车站的车票是多少钱吗？

这么说来，我从没考虑过车费的问题。

很好

让我们来了解一下电子货币的相关知识吧！

好的！

交通卡

信用卡

只有大人才能用！

也可以在便利店和自动贩卖机上用！

无现金支付是什么？

　　每次我和大人们交流金钱相关话题的时候，很多人都会提出这样的问题："给孩子零花钱，是给现金还是电子货币呢？"我很能理解父母们的心情。因为在我们这一辈人小的时候，是没有电子货币的。我们买东西的时候用的都是现金。而现在就算没有现金也能买东西，所以父母们会有些烦恼。

　　像这样"不用现金也能买东西"或者"用其他东西代替现金支付"的情况被称为"无现金支付"。前面提到的信用卡支付也属于无现金支付。日本的"西瓜卡"和"PASMO"等

有钱了 我也不乱花

啊！

有各种各样的支付方法呢！

不同的商店所能使用的支付应用程序也各不相同，所以支付应用程序就变得越来越多了。

应用程序

- 贝宝
- 支付宝
- 微信支付
- PayPay
- 乐开 pay

0001未

支付应用程序有许多种哟！

交通卡也可以用来进行无现金支付。还有许多人使用手机上的支付应用程序，比如"支付宝"和"微信支付"等等。电子货币的方便之处在于，就算身上没带钱，只要有手机或者磁卡也可以进行支付。

　　但我还是建议在孩子小的时候给他们现金作为零花钱。首先，对正在学习加减法的孩子们来说，使用现金可以提高他们的计算能力。其次，现金的增加和减少，也能让孩子们直观地感受到金钱的变化。

看不到现金的话很容易多花钱

随着无现金支付方式的逐渐普及，支付和购物都变得越来越方便。在许多国家，就连捐款都是通过电子支付来完成的。日本今后也会逐渐地朝这个方向发展吧。

到了那个时候，就连零花钱也是电子货币，我们只需要拥有一个智能手机或者一张磁卡，就可以彻底和钱包说再见！这是多么方便的事啊！

但电子货币在给我们带来便利的同时也很危险。因为这使我们很难切实地感受到金钱的增加和减少。

请想象一下你经常玩的游戏。在游戏里即便被敌人打倒，你也不会感到疼痛，更不会死亡，只要重新开始游戏就可以了。同样，即便在游戏里花钱买道具，虽然游戏里的钱变少了，但游戏里的变化不会使你产生真实的感觉，所以花钱的时候你并不会感觉钱包里的钱在减少。

智能手机应用程序里的电子货币，虽然是货真价实、如假包换的金钱，但因为只有数字，所以很多人也感觉这就像游戏里的金钱一样。

我们去商店里购买价格昂贵的商品时，如果带着现金去买，在收银台将这么多的现金拿出来，或许会产生出一种"好浪费啊"的感觉。然后就会思考"我真的要花这么多钱买

有钱了 我也不乱花

这个东西吗？"

　　但要是用智能手机支付，不管多贵的东西，付款都只需"嘀"的一声就支付成功了，完全没有付出巨大代价的感觉。所以电子支付虽然方便，但也非常危险。大家在使用的时候一定要认识到这一点才行。

明明真的花了钱，却好像在游戏里买东西一样！

有钱人？

新品咖啡 ¥120
欢迎品尝！
关东煮 ¥150
谢谢惠顾
现烤
1000
嘀！
小猪巧克力
小猪巧克力
售票

为什么没有现金也能买东西?

电子支付是可以让我们在没有现金的情况下也能买东西的非常方便的机制。其特征在于无须动用我们放在钱包和存钱罐里的钱,只需要通过互联网就能支付金钱。很神奇吧?为什么没有现金也能买东西呢?

电子货币大体上可以分为两种。因为有许多大人对此也不是很了解,所以你一定要仔细阅读,充分理解之后就可以教给你的爸爸妈妈了。

首先是第一种,像 PASMO 和西瓜卡等能够在坐车的时候使用的"交通卡电子货币",还有能够在超市里使用的"流通卡电子货币",这些都需要充值后才能使用,所以被称为"预付型"。如果不预先存钱的话,卡里就没有钱,也就无法使用。但只要存钱进去就可以用了。也就是说,在买东西之前要先把钱存进卡里,而存进去的钱用光之后就不能继续买东西了。

第二种是像信用卡那样,即便没有预先存钱也可以使用。但花出去的钱会从下个月开始自动地从你的银行卡里扣除。这种被称为"后付型",也就是先消费,后付款。

先存钱后使用的"预付型",只要注册会员,任何人都可以使用。

有钱了 我也不乱花

　　而"后付型"因为是信用卡公司先替你付款，然后由你偿还的机制，所以只有信用卡公司认为"有偿还能力"的人才能使用。也就是说，**孩子们能用的只有"预付型"的电子货币。**

预付型

交通卡电子货币

- 必须预存金额（充值）
- 只要注册会员，任何人都可以使用
- 只能使用充值的金额

后付型

信用卡

- 先消费，后付款
- 只有信用卡公司认可的人才能使用
- 在有效的额度之内可以随意消费

限定购买物的金钱

限定使用店铺的电子货币

亚马逊的礼品券只能在亚马逊的网站上使用

任天堂的充值卡只能在任天堂的在线商店使用

只要在网站上输入卡片背面的代码就可以充值!

二维码支付应用程序

将手机上的二维码出示给店员,让对方扫码收款。

或者用自己的手机扫描店铺的二维码付款!

电子支付的方式还在不断地进化之中!

电子货币虽然和纸币与硬币不同，看不见也摸不着，但在买东西的时候可以像现金一样使用。

不过，有一些电子货币仅限特定的店铺才能使用。大家知道哪些电子货币是这样的情况吗？有一些你们或许很熟悉。

答案包括亚马逊的礼品卡和任天堂的充值卡（这些都是和西瓜卡一样需要先充值才能使用的预付型）。

虽然这些电子货币也和现金一样可以用来购物，但只能购买亚马逊和任天堂的商品，在便利店和超市里是用不了的。

除此之外，还有限定使用地区和店铺的电子货币。家长可以将电子货币与店铺信息存入二维码中发送到孩子的智能手机上。

如果有一款应用程序可以显示只有特定店铺才能读取的付款二维码，而在其他店铺无法使用这个二维码付款，孩子就不能拿着本应该去买书的钱去买零食了。这样的话，家长是可以放心让孩子使用电子货币的（笑）。

电子货币使用起来非常方便，想必今后会在社会上更加普及吧。

全世界通用的金钱

　　大家听说过"虚拟货币"和"加密资产"吗？这两个词说的其实是同一种东西。就算没听说过这两个词的人，或许也听说过"比特币"吧。

　　其实，虚拟货币有许多种类，比特币只是其中一种。除此之外还有"以太币""瑞波币"等许多虚拟货币，而且虚拟货币的种类还在不断增加。

　　虚拟货币究竟是什么呢？就连很多大人都误以为虚拟货币就是电子货币，但实际上两者完全不同。

　　电子货币基本上都是由国家监管的，日本用日元、美国用美元、欧洲用欧元，是"能够在互联网上使用的金钱"，汇率也每天都在变化。而虚拟货币则不受任何国家的监管。所以，在世界各国都能以同样的价格来进行交易。虽然虚拟货币看不见也摸不着，但因为它几乎无法被复制，所以也能作为货币来使用。

　　虚拟货币不会受任何国家的经济状况影响，就算日元贬值虚拟货币也不会贬值。所以有很多人希望能够通过投资虚拟货币来大赚一笔，这也使得虚拟货币受到了许多人的追捧。

　　虚拟货币可以用日元购买也可以用美元购买。其价格是由想要买的人（需求）和想要卖的人（供给）之间的平衡点

决定的。这和决定商品价格的原理相同。

　　最近因为很多人都想要购买虚拟货币，所以其价格在不断上涨。甚至有人希望公司用虚拟货币来给自己发工资。但如果虚拟货币的价格下跌，恐怕就会产生损失了，所以我还是希望能用日元给我发工资。

现在 1 枚比特币价值 300 万日元（2022 年 6 月），但 5 年前只要 10 万日元就能买到！

网络世界的金钱
（虚拟货币）

比特币

¥（日元）　　$（美元）

能够交换！

你的画或许能卖到 300 万日元！

到目前为止，我们学习了许多与金钱相关的知识，但金钱也是在不断进化的。在我小的时候，零花钱都是现金，但现在的孩子们已经开始用电子货币形式的零花钱了。未来或许会有用比特币当零花钱的孩子呢。所以在本书的最后，让我们来了解一些最新的金钱知识吧。

大家听说过"NFT"吗？这是"Non-Fungible Token"的缩写，意思是"无可替代之物"。用更加通俗易懂的话来说，就是能够证明"这东西是真品"的技术。

在互联网之中有各种各样的图像和动画，但网络上的东西很容易就被复制和加工，导致人们很难区分哪个是真，哪个是假。

而 NFT 就是能够证明互联网上的图像和动画"是真品"的技术。NFT 最吸引人的地方在于，你在互联网上创作的图像或动画可能会卖出很高的价格。

2021 年 9 月，一位日本小学 3 年级的男生画的画卖出了 2 300 日元，这引发了人们的热议。后来他的作品陆续售出，全部加起来大约卖了 380 万日元。

有钱了 我也不乱花

如果是实体的画作，想让很多人都看到并不容易。但在互联网上的话，很容易就能让全世界的人都看到，而买卖也变得非常简单。

了解不断变化的金钱知识，对我们的人生具有非常重要的意义。今后请继续保持对金钱的兴趣并正确地使用金钱吧！

有一位喜欢玩《我的世界》这款游戏的小学生创作的绘画作品总共卖出了300万日元以上的高价！

¥3 800 000-

成交

我认为 NFT 未来还有非常广阔的发展前景！大家要不要试试看呢？

如果有很多钱的话就什么都买得到吗?

如果有钱的话，可以随心所欲地买喜欢的游戏和零食，去游戏厅里随便玩，还能去看电影和去游乐场。"要是能赚很多钱或者中彩票就好了。"一定有很多人都这样想吧。我要是有很多钱的话，想买一个大房子，还想去旅行。那么，只要有钱的话就什么都能买得到吗?

并不是那样。比如，家人和朋友就无法用金钱买到，健康的身体也是买不来的。虽然可以用钱买感谢的礼物，加深与家人和朋友之间的关系，还可以花钱来使自己的身体更加健康，但家人和朋友以及身体的健康并不能直接用金钱买到。不管你多有钱，也无法战胜疾病、事故以及孤独。

关怀家人和朋友，在他们有困难的时候提供帮助。合理饮食、适当运动，放弃不健康的生活习惯。这些与金钱无关的"生活"更加重要。

正确地使用金钱会给你带来好处，掌握金钱相关的知识能够帮助你减轻风险。但人生中真正重要的事情并不是金钱。

假设你成了大人，为了赚钱而疏远了家人和朋友，也不顾身体的健康，这样就算你拼命工作赚了很多的钱，会感到幸福吗?金钱只不过是让我们幸福的工具而已。所以我们才需

有钱了 我也不乱花

要掌握金钱的使用方法、储蓄方法、增加方法、守护方法。

　　与没钱相比，当然是有钱更好。但金钱买不到的东西也有很多。在思考金钱问题的时候，首先要想的是对你来说什么是最重要的。

结语

"不要乱花钱。"

"一定把钱存起来。"

这些话都是一代一代流传下来的，但随着时代的变化，社会也在改变。

看完本书的读者一定会有自己的理解了。

"什么是乱花钱？"

→花了钱却没有得到满足就是乱花钱。

"如果大家都把钱存起来会怎样？"

→经济会陷入停滞。

为了更好地生活，钱是必不可少的。但真正了解金钱的使用方法和增加方法的人并不多。

通过辛勤工作赚取收入，认认真真地度过人生也是一件好事，但想办法增加金钱，也许能使人生过得更加自由。

虽然学校里很少教到关于金钱的知识，但那真的非常重要。

今后无现金化将越来越普及，可能还会出现像虚拟货币那样超出我们常识和认知的金钱。

衷心地希望诸位小朋友在读完本书之后，能够不被金钱所左右，正确地使用金钱，享受充实美好的人生。

森永康平

< MANGA DE WAKARU OKANE NO HON: SHOGAKUSEI KARA SHITTEOKITAI TSUKAIKATA
TAMEKATA FUYASHIKATA MAMORIKATA >
Copyright © KOHEI MORINAGA 2022
First published in Japan in 2022 by DAIWA SHOBO Co., Ltd.
Simplified Chinese translation rights arranged with DAIWA SHOBO Co., Ltd.
through East West Culture & Media Co., Ltd., Tokyo Japan.
Simplified Chinese edition copyright © 2023 by China South Booky Culture Media Co., Ltd.

著作权合同登记号：图字 18-2023-024

图书在版编目（CIP）数据

　　有钱了我也不乱花 /（日）森永康平著；朱悦玮译
. -- 长沙：湖南少年儿童出版社，2023.7
　　ISBN 978-7-5562-7049-1

　　Ⅰ . ①有… Ⅱ . ①森… ②朱… Ⅲ . ①经济学—少儿
读物 Ⅳ . ① F0-49

　　中国国家版本馆 CIP 数据核字（2023）第 060891 号

YOU QIAN LE WO YE BU LUAN HUA
有钱了我也不乱花

［日］森永康平　著　　朱悦玮　译

责任编辑：张　新　李　炜　　　　　策划出品：李　炜　张苗苗
策划编辑：蔡文婷　　　　　　　　　特约编辑：董　月　张晓璐
营销编辑：付　佳　杨　朔　周　然　版权支持：金　哲
版式排版：金锋工作室　　　　　　　封面设计：主语设计
内文插图：福井佐智世

出 版 人：刘星保
出　　版：湖南少年儿童出版社
地　　址：湖南省长沙市晚报大道 89 号
邮　　编：410016　　　　　　　　　电　　话：0731-82196320
常年法律顾问：湖南崇民律师事务所　柳成柱律师
经　　销：新华书店
开　　本：875 mm × 1270 mm 1/32　　印　　刷：天津联城印刷有限公司
字　　数：87 千字　　　　　　　　　印　　张：5
版　　次：2023 年 7 月第 1 版　　　印　　次：2023 年 7 月第 1 次印刷
书　　号：ISBN 978-7-5562-7049-1　定　　价：35.00 元

若有质量问题，请致电质量监督电话：010-59096394　团购电话：010-59320018